U0828024

一 个 人 ， 遇 见 一 本 书

TopBook
饕书客

龙旗下的长安

一位美国记者眼中的晚清中华帝国

[美]弗朗西斯·亨利·尼科尔斯 著
宗鸣安 译

陕西新华出版传媒集团
陕西人民出版社

图书在版编目(CIP)数据

龙旗下的长安 / (美) 弗朗西斯·亨利·尼科尔斯著；宗鸣安译. -- 西安 : 陕西人民出版社, 2020.8

ISBN 978-7-224-13261-8

Ⅰ. ①龙… Ⅱ. ①弗… ②宗… Ⅲ. ①文物－介绍－西安 Ⅳ. ①K872.411

中国版本图书馆CIP数据核字(2019)第261633号

出 品 人：宋亚萍
总 策 划：刘景巍
出版统筹：魏红建　朱艳坤
责任编辑：王　倩　张启阳
整体设计：哲　峰　姚肖朋
书名题字：赵　熊

龙旗下的长安

作　　者：[美] 弗朗西斯·亨利·尼科尔斯
译　　者：宗鸣安
出版发行：陕西新华出版传媒集团　陕西人民出版社
　　　　（西安北大街147号　邮编：710003）
印　　刷：陕西隆昌印刷有限公司
开　　本：889毫米×1194毫米　1/32
印　　张：7.75
字　　数：162千字
版　　次：2020年8月第1版　2020年8月第1次印刷
书　　号：ISBN 978-7-224-13261-8
定　　价：69.80元

·目 录

·译者的话

19世纪末20世纪初，陕西关中一带遭遇了一场持续数年的大旱灾，长安城四周数百里以内的县乡几乎人烟断绝。大批灾民涌入长安城中，与长安城中的居民一道，承受着饥饿的煎熬。那时，道路交通还不发达，加之战争频发，南方富庶地区的粮食难以运达长安。虽有部分救济粮，也被官方扣压，用做军饷。灾民情绪激动，数次向官府请愿，长安城中充满了动荡的气氛。

这时，远在太平洋对岸，由美国人创办的《基督教先驱报》发起募捐活动，数万银两经由汉口的中国钱庄汇往长安，并由长安城中的一位外国传教士负责发放。光绪二十八年(1902),《基督教先驱报》又委托美国学者弗朗西斯·亨利·尼科尔斯来华考察这批赈款的发放情况。

尼科尔斯先生从天津入境，在北京办理了手续后，经由河北的保定，山西太原、灵石、介休，渡过黄河进入陕西的潼关。走华县、渭南、临潼进入长安城。尼科尔斯在长安城住了近两个月，除了考察赈款的发放情况外，还游览了不少名胜，拜访了不少名人。

清末长安城东门，尼科尔斯就是从这里骑着马进入长安城中的

所见所闻皆录进了这部《龙旗下的长安》之中。

在清代，很少有外国人来到长安城访问，并且写出自己的感想、见闻出版。以一个外国人的眼光如何看待有着厚重历史的长安城，感受背负着千年文化的长安人，以及一百多年前长安城中的民风民情，这是我们今天的读者期待了解的。

不久前，中央电视台某编辑想要拍一部当年慈禧太后西巡西安的历史片，问我了几个问题，其中一个就是："慈禧太后与光绪皇帝从北京到西安路线是怎样设计的，沿路有怎样的安全保障？"我回答说，过去从北京到西安基本没有路线可设计。数百年的官道就只有一条，最近、最可靠的一条线路就是从北京出发走河北（直隶）的保定、正定，入山西太原、介休，过黄河入陕西潼关，向西走关中道至西安。如果绕道其他路线，车马、銮轿根本过不去。据尼科尔斯的记录，就是这样的一条官道，在得知慈禧将要路过时，沿途官员还要动用军队的士兵，把路上的大坑用土石、用树枝给填平了，这样马车才能通过。用现代领导出行的安保观念，选择几条备用线路，等等，在那个时候几乎是不可能的。再说，在当时，朝廷内外反对慈禧太后的人也有不少，但说要在路上搞暗杀，恐怕没有人敢去做。所以皇家的队伍浩浩荡荡地行进，虽然也有军队护卫，但基本上不用考虑刺杀慈禧的问题，因此也无须再选择路线。《龙旗下的长安》所记慈禧太后在长安城中的许多活动与生活事件，多与正史相符。当时朝廷的官员所记有一定的不同。虽说是眼光角度的不同，但外国人无有忌讳，能言中国人所不能言也是其长处之一。这些内容很值得我们探讨研究。

长安城中的街市

尼科尔斯是在慈禧离开长安回京半年后前往陕西的，所以途中记录了许多有关慈禧太后、光绪皇帝西行的轶事，比如西行的路线，途中有关义和团、八国联军的事，处罚支持义和团起义官员的事，以及河北、山西义和团杀外国传教士的情景，等等。用现代的话讲，虽然价值观不同，看问题的角度不同，但作者所见多是事实，为我们今人了解当年的历史背景、事件提供了很好的参考资料。另外，尼科尔斯先生途中所见，以及在长安四周所见鸦片残害百姓的事实、状况，还有对鸦片种植、贸易的看法，都给今人以启发。

尼科尔斯先生在长安城中居住了两月之久，记录了许多长安城中的人物、街景、民情。对偏好和喜欢地方史研究的人来说，这一部分的文字极其有价值，也颇为生动。比如写陕西普通农民的生活，写长安城中文人的学识、性格："与我遇到的其他任何地方的中国人相比，陕西人更为冷静乐观、性格实在、富有思想。他们热爱学问，具有正义感。"对于中国的历史，他们很少提及最近1500年的。他们认为蒙古人仅算得上是近代人。"他们很少称自己为'中国人'，通常只是称自己为'汉人'"。在谈到历史上的某位伟人的时候，经常会有人站起来说，"对不起，那人正是在下的先祖。"

尼科尔斯先生与当时陕西巡抚李绍棻谈论陕西救灾的方法说：如果有一条铁路能便于将南方的粮食运来长安，那将是有效的救济灾民的手段。李绍棻虽然明了事理，但他考虑的是这样会使从事陆路运输的许多人失业，会破坏社会结构的平衡。维持安

清末长安城南门外的景象

定，大约是官场的永恒定律。当然了，陕西巡抚李绍棻还是给尼科尔斯在长安分发赈款提供了许多方便，也同意尼科尔斯的许多观点。甚至责令钱庄少收这批赈灾款的汇费，等等，都反映出了当时为官者的心态和社会生活的真实状况。

在长安城游览的过程中，我觉得尼科尔斯对著名的唐代石刻“大秦景教流行中国碑”的研究与看法很有见识。他根据碑刻内容，对唐太宗时“景教”在中国的传播方式、传播状况以及“景教”衰落原因的论述，对今人的研究有一定的参考价值。

当然，作者毕竟是一位一百多年前来到长安的外国人，对于陕西的历史、人物、民情还是有许多不确定的个人看法。比如，他把长安北边咸阳塬上的汉唐帝王陵冢，看成是“金字塔”，这种形状上的认识没有错。但他听信当地的一位“学者”说“那些土冢很多是曾经在中国盛行原始宗教的祭坛”，认为“这是我听到过的最合理的解释”，等等就有些偏颇了。但是，尼科尔斯先生有这样的想法也正常，因为他毕竟是第一次来中国，来长安，在那个科学知识并不昌明的时代，这些观点、看法正是那个时代真实的反映。为保持原作风貌，书中涉及地名也沿用了当时的旧称。

《龙旗下的长安》有许多可读的故事、看法，加上作者的文笔流畅，语言朴实，我想一定会给今天的读者带来阅读上的快乐，也可以带来知识上的启迪，不信你读读。

宗鸣安

2020年6月22日

第一章

启程

中国西北有一个省份叫作陕西。英格兰和苏格兰加起来的面积也比不过陕西。陕西有近800万人口，是一座古老偏僻的省份，以至于谁都不知其源头，就连北京人在谈到陕西时，都好像在说一个外国的地方。

西安是陕西的省会城市。八国联军占领北京的时候，为了免遭联军亵渎，慈禧太后和光绪皇帝曾流亡西安避难。在外国人看来，陕西是一块神秘之地，是中国文明的发源地，到现在还恪守古老的传统。迄今为止，很少有外国人涉足陕西。到北京后，我多方搜集陕西地区的资料。大多数资料显示，这个地方对外国人充满敌意，除此之外，再没有别的信息。

陕西遭受饥荒后，《基督教先驱报》在纽约为灾民募捐了一笔赈灾款，要汇给陕西唯一的传教士。而我作为这笔赈灾款的代理人，受委派到陕西核实赈灾情况并发回报告。我原以为在从北京到内地的行程中我能搜集到足够的信息，结果发现自己大错特错。

北京到西安的750英里路程几乎像从西方到远东那样遥远。按路程测算，西安到中国沿海地区的距离，大约和到纽约一样远。陕西发生饥荒，京城官员获知消息的速度，并没有比驻华盛顿特使伍廷芳更快。美国公民可以从伍那儿得到和北京一样的信息，但是关于灾害的具体细节，双方都是一无所知。在北京逗留的两日，让我坚定了一个信念，想要弄清楚陕西饥荒的真实情况，我必须前往西安。

此行要穿越山西省，约有300英里路程。山西省到处有义和团和仇视外国人的民众。在那里被杀掉的传教士的人数，超过中国其他18个省份中的任何一个。我完全知道此行是多么危险。

很多中国人觉得，我去陕西无异于自杀。即使是非常勇敢的人，面对他们描述的巨大危险，面对那些无法克服的困难，也不得不选择放弃。但我选择忽视这些警告，说服自己相信不会发生被迫迎战的状况。如果不进行自我催眠，那这趟旅程将只剩下艰险重重，我没有那么勇敢。

好在联军从北京撤出之前，中国政府承诺保护外国人在中国旅行时的生命和财产安全。我不会把事情往坏处想，相信中国人会履行他们的承诺。

我并没有后悔自己的决定。如果想要中国人善待我们，首先要做到的是不要怀疑他们。后来穿越中华帝国心脏的1500英里的旅行经验使我确信，若非证据确凿，请不要觉得中国人不可信。而我现在首先要做的，是拿到合法的通行证。这样我才能受到沿途各省政府的保护。

庆亲王

一个下午，我乘坐轿子从北京的街道穿过，在美国公使馆秘书威廉姆斯先生的陪同下，去会见政府的首脑人物庆亲王，与其商谈护照事宜。在这个特殊的下午，一场沙尘暴席卷而来。中国的沙尘暴铺天盖地，强而有力，变化多端。在万里无云的天空，风既不强劲也不猛烈，席卷着沙粒组成的云盘旋而起，征服一切。没有人知道沙子来自哪里。有一种理论说，沙子来源于戈壁沙漠，它们颜色呈铅灰色，它们无处不在。蒙古人的脸上、绿色的宫殿屋顶、使官的高礼帽上甚至阳光本身，都被蒙上了一层灰色。老百姓都在揉被沙尘迷住的眼睛，躲藏在古老的墙壁后面。沙尘穿透所有地方，使所有美好的事物都黯然无光，新的变成旧的，旧的变得更旧。它不会衰弱，只会更强劲，迫使地球上的人们像戴着墨镜去看阳光。

我们的轿子穿越沙尘，摇摇晃晃，一个半小时后，砰的一声落在一座大门前。门前有中国士兵守卫。

一名军官带领我们穿过石头庭院，来到一间大厅。庆亲王正站在那里迎候我们。他带我们走到后屋，在一张小桌子前落座，他坐在我和威廉姆斯中间。一名仆人端上来三杯茶和一小盘点心。

庆亲王是满族人，同时也是皇帝的叔叔，地位尊崇，几乎是中国政府里最显赫的人物。他掌管很多衙门，拥有大量的封号，并担任外务大臣。他在外务部做了大量工作，使外务部应对复杂谈判等方面的能力有所提升，这些谈判虽维护了中国的领土完整，但也让中国支付了大量赔款。谈判期间，李鸿章是唯一一个留守北京的重量级人物。因为他身体状况不佳，庆亲王只好单枪匹马，与整个西方世界的外交力量作战。

庆亲王大约65岁，中等身材，肩膀略微向前佝偻。他须发皆白，眼窝深陷，但眼神敏锐，额头较高，嘴唇薄而扁平。在礼貌地寒暄后，威廉姆斯向庆亲王表达了我想要前往西安的愿望，并解释了此行的目的。庆亲王微笑着表示赞同，并命令他的幕僚拿来名帖盒，从盒子里拿出一张红色纸片。

"这是我的名帖，"他说，"它可以使你在中国任何地方得到充分的保护和帮助。我很少把名帖送人，但是美国人关心我们的饥民，我才把它送给你。"名帖并不像公函的外观那样令人难忘。名帖大约10英寸长，3英寸宽。一面刻着他名字里的三个字，没有任何修饰，很容易被看成美国华人洗衣店的一张洗衣单。显然，从外观上并不能看出名帖的"护身符"价值。当他将名帖递给我的时候，我还担心自己会露出怀疑的表情。威廉姆斯代我向庆亲王表达了感激之情，他补充说，希望我的美国护照依旧能在中国旅行中发挥作用。

庆亲王对此完全同意。他拿起我的护照端详，告诉我英文姓名在中国毫无用处。"我会替你改个名字，"他说，"要按照《姓氏书》取名，否则是不合法的。"

当我准备离开的时候，庆亲王注意到我口袋中的柯达相机。他问我那是什么，我向他解释相机的用途。他还问我能否为他拍张照片，我说可以。他当即在庭院中间站好，阳光穿透沙尘照在了他的脸庞上。

次日，我更改过的护照被送回了美国公使馆，盖上了北京道

通行中国的法宝:庆亲王的名帖

台的大印。护照上，我的中文名字是“纳克苏”。上面注明我的使命是和平的，并且注明直隶、山西、陕西、湖北、河南各省官员在权力范围内要给予我一切帮助和保护。这正是我渴望得到的公函。上面充满效力的汉字和精巧的官方印章，让我确信即使没有额外的证件，我也能进入陕西，并且安然返回。但是我应当了解的是，所有的中国汉字，所有的帝国印章，都不如一小片红纸十分之一的价值，只是因为上面有中国首辅大臣的名字。

没经多少周折，我就找到了一个厨师。他曾经做过传教士，是山东籍基督徒。他在教会学校学会了用汉语唱《坚守要塞》和《金色的耶路撒冷》，还会做油炸火腿和按照说明书烹制蛋糕。但是要找到一个合适的翻译却是十分困难的事。

我对中国的一切事情都缺乏了解，所以这里人建议我请的翻译必须熟悉这里的社交方式，且资历深厚，以便随时提醒我。经过几天的寻找，王翻译被介绍给我。他20多岁，身材瘦小，有干净的黄皮肤和明亮发红的脸颊。他穿着丝绸上衣，传统的灰色裤子，腰间束着黄腰带。他的辫子很整齐，辫梢上系着丝绸结，这是在模仿北京人的时尚风气。当我问他对陕西是否了解，他回答得很快：“我知道那里很远，先生，除此之外，一无所知。但要是能跟随您，我会竭尽全力帮助您，完成此行。”这个回答说服了我，我当时就雇用了他。

我们一行三人，带着几捆宿营装备和美国罐头，早晨7点出发，在城门外的站台，搭上了南下的火车。

我口袋里装着庆亲王的名帖，裹着一张毯子窝在头等车厢角落里的长椅上。车厢里只有一张“头等车厢”的标签，将它与别的车厢区分开来。另一端，机车汽笛大口喘息。中国列车员将两名苦力踢下车厢的台阶，站台上人群喧闹，车轮滚动，开启了我们750英里的行程，前往伏羲和龙的故乡——陕西。那里是中华民族的摇篮，古老世族的故乡。在陕西人看来，北京2000年的历史不过是昨日云烟，罗穆卢斯和瑞摩斯(罗马神话中古罗马的奠基人，传说是一对被野兽养大的双生兄弟。)还是狼之子的时候，陕西就已经拥有古老的文明了。

第二章 ———

从北京到保定

从北京到陕西，中间隔着两个省：直隶和山西。山西与陕西只隔着一条黄河。黄河是中华文明的母亲河。中华文明的第一群人就在黄河边上生息繁衍。基督时代前3000年，山西和陕西的名字通常连称，以指代它们的起源之地。外国人为了更明确地区分两省，对它们在元音拼法上做了略微的改造，但山西和陕西两省的名字在汉语里，发音完全相同，区别仅在于声调。

我们的行程可以分为四个阶段：第一段，行进150英里到达直隶的正定；第二段，经过同等距离到达山西的太原；第三段是最长的，从太原到潼关——陕西的边界，大约350英里；而第四段，也是最后一段，100英里，从潼关到西安。按照中国传统的旅行方式去西安，全程大约需要五到六周。幸运的是现在可以借助铁路完成第一段的大部分行程，这使我们能够在离开北京后29天内就完成旅行。

直隶铁路能够保存下来实属不易，因为在中国修建铁路不仅仅是施工建造那么简单。铁路是野蛮的西方人带来的，要建造在守旧的中国土地上，就不得不与根深蒂固的偏见做斗争。不过，中国的铁路建设仍不得不面临前所未有的国际化。西方国家激烈地争抢中国铁路的建造权，在每一英里铁路上都留有明显的痕迹。第一段铁路由英国建造，接下来是法国，最后几英里则由比利时人建造。结果，西方世界所有的铁路建造方式都在直隶铁路上得到体现。一部分是石头路基，另一部分则是砂石路基。前一段桥梁用石头建造，接下来的一段却是木制的。一些机车头由美国生产，另外一些则由比利时生产。车厢是中国人按照法国样式制造的。工程师、消防员和售票员是中国人，车站管理者通常是法国人或者德国人。

中国人一开始并不怎么喜欢铁路。但当他们发现火车比马车更加快速便捷时，铁路则变得大受欢迎。他们会非常自豪地告诉你，如何在半天时间内走完300里(100英里)。

中国火车既载人，也运货。这种火车被美国人划为“混合型”火车。运送乘客的车厢并不多，大部分车厢用来运输货物。敞开的货运车厢挤满了各种各样的商品和牲畜：鸡、棉花包、煤油、马匹、手推车、草料等，无不处于难以想象的混乱状态。中国商人好像不放心把自己的货物完全交付给他人运送，凡事亲力亲为，他们通常会坐在自己的货物上，亲自押货至目的地。

由于太多国家参与中国的铁路建设，导致铁路质量低劣。据说还有一条向北的铁路将在1902年1月开通，从汉口通往河南。直隶铁路从北京向南，与新修的铁路在古城开封附近相接。中国将迎来真正的铁路时代,"蒸汽巨龙"将在古老中国变得至关重要。

铁路循着古老的道路痕迹修建。从火车车窗向外看去,最为常见的景象便是行人或商旅的骡马车队傍着火车赶路。早在数千年前,这些骡马车队便行走在北平到直隶平原的官道上。他们在尘土中艰难行进,留下深深的车辙。新旧道路齐头并进,除了中国,我从未在他处见过如此景象。直隶省会保定,距离北京约100英里。火车在这里更换车厢,火车并不入城,而是从城西3英里处经过。火车停在一堆砂砾旁,那是修建铁路路基时的残留物。货物、行李,还有旅客都被抛在那里,杂乱无章,赶大车的人招呼着乘客,如同纽约42街的出租马车车夫争抢乘客一样。一位传教士对我如此形容保定,"那是一座卑微入尘土的城市,是一座迫害先知的城市"。当我们的火车车轮陷入白沙地里,我想到了这一描述。通向城区的道路用白沙铺就,不管何种羞辱降临这座贫穷、沉闷、肮脏的城市,老保定都是一副尘土满面、脏不兮兮的样子。

保定的人口在3万到6万之间,宗教氛围浓厚。城中设立两个大的宣教会,作为大规模传教活动的核心。美国公理会在保定城南关设有学校、医院和教堂,在保定城北,美国长老会也设有类似的机构。义和团运动之前,保定是华北地区最有可能投向基督教的城市。

罗马的天主教会在保定也设有一所大教堂和一所学校,每年吸收1000多名皈依者。三种不同教派的传教士,都满怀希望地期待有一天可以将直隶从"异教"的黑暗中拯救出来。但是1900年初的某一天,义和团突然涌入保定,风暴毫无征兆地来临。他们

保定的总督衙门

在短短几个小时里占领了大街小巷，并开始以极端的手段清理外国人。有关他们的来历众说纷纭。可能是来自山东，也可能是来自山西。但是，不管他们来自哪里，因何种原因来到保定，义和团都打破了传教士们对这座城市的期待。

义和团不但包围了传教区，还以莫须有的罪名屠杀了所有传教士。由于没有外国幸存者，我只能通过当地目击者的讲述了解这场屠杀的情形。目击者对于这场浩劫的细节描述相差很大，但义和团杀害外国人的事实不容置疑。他们想要全中国人都知道，义和团可以成功赶走外国人。所有在华的外国人无一幸免，甚至连修铁路的外国雇工也被无情杀死。美国公理会福音堂附近的菜地里有一排模糊不清的遗迹，是20多名男女的坟墓。义和团风暴过去后，保定人重新恢复了先辈们的生活习惯。但平静极为短暂，北京沦陷后，保定又成了联军最先关注的地方之一。

义和团运动令保定受到联军的特别“关照”，成为联军“惩罚性远征”的目的地。英、法、德军队分别对保定给予了惩罚。为了让保定人清楚反对外国人徒劳无功，保定城的首席官员被押上军事法庭接受审判，以义和团匪的罪名被斩首示众。

但联军的“惩罚”远远没有结束。中国人信奉的庙宇被炸弹夷为平地，受人朝拜的镀金佛像和儒家碑刻如今变成瓦砾碎片散落四处，向来被认为坚不可摧的城墙也被联军以炸药攻破。武力征服的后果，是无可避免的战争赔款。一切尘埃落定，教会的传教工作重新开始。中国华北地区爆发的义和团运动，保定只是战场之一，同样的运动也发生在山西省。山西作为人口大省，外国传教士更多，因而屠杀传教士的情形也更加冷血可怕。联军出兵山西并不容易，山西与保定之间隔着崇山峻岭，带着火炮翻山越岭，联军并不擅长。因此联军复仇的炮火并未殃及山西，只是要求太原府支付赔款，山西巡抚引咎自裁。

令人意外的是，在保定接待我的是一位白人，也是劫难之后当地仅存的白人。他是长老会传教士的招待，美国人，毕业于普林斯顿大学。我问他怎样逃过义和团的屠杀，他说运动发生的时候，他恰好不在福音堂，才得以幸免于难。令人难过的是，他的亲朋好友全都死在了义和团的刀下。他谈论这些悲惨的遭遇时，并没有流露出仇视憎恨的情绪。他为之献身的人害死了他的亲朋挚友，但这位传教士依旧对这些人心存善念。“宽恕他们吧！他们不知道自己做了些什么！基督的精神是至高无上的。”

虽然保定排外和反基督教的情绪非常强烈，但这位传教士却受到当地人的普遍爱戴。本城的学者非常喜欢在福音堂的接待室聚会，他们彼此交流儒家与《圣经》的优缺点。在他的家里，我惊讶地看到一个和尚走进来向他磕头。“哦，他来是为了感谢我拯救了他的寺庙。”这位传教士说。当我询问他这次非同寻常的拜访的原因时，他说，“你看，他是一个好人。我们相识已久，并且为各自的观念争论了许多年。在德国人决定毁掉极少数寺庙之外的其他寺庙的时候，我顾及与那位僧侣的友谊，向少校求情，恳求他保留那位僧侣主持的寺庙。少校应允了我，寺庙因此得以保留至今。并非所有人都愿意为朋友效劳，我无以承受他的感激之情。重要的是，那位僧侣开始认为基督教是一种纯粹的宗教，以至于我一个基督教士可以为了一位佛教徒挺身而出。他向我索要了一本《新约》,希望了解基督如何宽恕自己的敌人。”

如果宗教能够更换,真正的基督教可以采取类似的方法影响到中国人,而不是依靠马克西姆机关枪、炸药或者赔款。这位杰出的传教士让我感受到了他的热情与好客,像他这样品行高尚的人并不多,但在中国传播基督教的希望却集中在他们这样的人身上。

作为省会城市,保定是直隶总督名义上的驻地。尽管直隶总督李鸿章在去世前好几年都没有来过保定了,但位于城中心的总督衙门始终保持修葺,以备他随时入驻。总督衙门是一座长长的单层建筑,大门两侧蹲守着两只石狮子,两座高耸、稍微倾斜的旗杆随时做好挂起总督旗帜的准备,以便总督到来后可以看到一切得宜。在他缺席期间,直隶官府事务由藩台或者省级财政官员负责。

在我访问保定的时候,保定的掌权者名叫周馥。一位年迈的矮胖官员,由于出色的外交能力被推荐担任这个职位。在他的帮助下,我开始了前往内地的行程。离开保定,意味着我要和现代交通工具说再见。周大人将我的通关文件还给我,并且把他的红色名帖送给了我。

出发前,周大人带了20多人的卫队,在传教营门口为我送别。他用直截了当、公事公办的口吻跟我说,不久前他收到庆亲王发来的电报,得知我即将到达保定的消息。为了确保我在直隶境内免受伤害,他决定派遣一队士兵保护我,一直护送我到达直隶与山西的交界处。

“您是不是不太习惯在中国旅行?”周大人问道,我告诉他的确如此。“那么让我给您几点建议。尽量穿中国衣服，吃中国食物，并且像我们一样活动。如果这些您能够做到，就会获益良多。”

我向周大人请教在中国需要注意的事情。当我问到可否携带左轮手枪作为防身武器时，他很诚恳地告诉我不可以。“你要确保所有的卫兵知道你没有携带武器，而是依靠他们的保护。如果你自己携带枪械，他们就认为你能够照顾好自己；但是如果你没有武器，他们心里清楚，要是你发生危险，他们就得人头落地。”

在中国的土地上行走就要遵守中国的规矩。我听取了周大人的建议，在路途中只带了柯达相机，没有携带任何武器。次日中午，我们抵达了铁路终点站定州。当我吃完午餐——水煮羊肉和咸鸭蛋，走出餐馆，路过旅店时，一队士兵向我敬礼。显然，这六名士兵已经在这里等候我们多时。他们拥有军人的体格，看上去高大魁梧，健壮有力。士兵们皆身着红色上衣，肩膀上扛着毛瑟枪。我们的行李被扔进大车，两名士兵坐在上面，另外四名跟在我和王翻译身后。卫队长回头看看大车，一磕马肚，我们便开始了穿越直隶省的行程。

越深入中国内地，越觉得以往外国人对于中国人的成见多是错误的。我记得在开埠的港口见过一位虔诚的传教士，他说旅行时遇到的中国人都是“异教徒”，他们的生活哲学和制度体系是魔鬼驱使的结果；而外国商人则会说，中国人是野蛮人、低等人、白痴和流氓的混合体，经过严格训练后可以给白人当奴隶。我不知道这些外国人从哪里得出的这些荒谬的结论，不过可以肯定的是，他们从没有带着真正尊重和信任的态度看待中国人。

当开埠港口、轮船、领事馆和铁路都被抛在身后，当西方旅行者真正开始在中国的旅程，穿越那片广袤、拥挤、神秘的，被沿海人视为“内陆”的土地，他就开始认识到自己身处一种不同于本国的文明体系。这个体系虽然古老，但却完美。这种文明体系在很多方面都比他之前了解的文明更为完整全面，没有什么是偶然发生的，凡事皆有道理。在整个世界还很年轻的时候，这种文明就已然存在。

最简单有力的证明就是官府文书。在这片土地上，官府文书和大人物的名帖是特权的象征，持有者在旅途中会受到严密的保护。如果只是普通的外来者，即使官府提供卫兵保护，卫兵的态度也多是敷衍的，最终还得靠自己。

有了合法的文书，我们的旅途没有太多意外。如果旅行者在旅途中出现损失，这个地区的官员会担负连带责任。因此各省的官员对自己领地内的旅行者尽职尽责，以确保他们的安全。官方为旅行者提供骡子、马车和住宿。只要旅行者计划好路线，便可以合理安排自己的时间。官府为他们提供的一切只是按照程序办事，对于旅行者的个人行为不干涉，也不会有过度热情的骚扰和粗野侮辱的言行。旅行者到一个新的地方，无论是想参观名胜古迹，还是四处随意逛逛，都不会有人干扰，遇到不明白的问题也可以找人解答。他受到的接待远比任何一个新到美国内陆城镇的中国洗衣工要好得多。这是一种独特新颖的制度体系。在西方，只有在国家之间运送货物的时候才能遇到这样我们称之为文明的情形。

文照是旅行者在中国的运货单。对折的薄纸上，一面记录旅

一份文照

行者的个人信息及所携带的物品，上面还备注运输物品需要的骡马车数量；另一面是签发官员的印章。在旅行开始前，文照由县级或者地区级官员签发。一位县令大约负责六天行程，六天后下一区域的官员会签发同样的文件。此外，到达每个标志着一天行程结束的中等城镇，官员要在文照上盖印，并签署姓名、地区或者县名。

因为这样的程序，文照完整记录了旅行的行程，最后一位签署的官员则负有保护旅行者安全的责任。文照的另一个好处是可以使持有者不用在客栈里受罪。中国的客栈绝对是世界上最令人沮丧的住所。车马商货毫无区别地挤在客栈宽阔的院子里。除去进出口，剩下的三边都是住人的房子，土墙、茅草屋顶，每个房间配两张土炕，一张小桌，两把椅子。在中国，不论多么小的村庄，都能找到一座这样的客栈。

客栈提供简单的食物，米饭、茶水，某些地方还有面条，类似通心面。在客栈做饭很方便，只需要支付几文钱，就可以在客栈院子里生火做饭。客栈里的猪让人头疼，老板把猪作为宠物饲养，任由它们出入客人的房间。猪被驯养得很好，吃晚餐时，它们会在你腿边快活地蹭来蹭去，熄灯后，猪会爬上你的炕。除了猪，最让人难以忍受的就是成群的跳蚤和不知名的昆虫。任何在中国旅行的人都必须接受这样的现实，在客栈里遭遇一定数量的“生物”。但是，住在公馆里可以避免遭遇这些不幸。

公馆是衙门的官方旅馆，由县令的下属管理。他会在旅行者入住前，清扫公馆的房间，令其焕然一新。负责接待的人非常注重礼仪，通常会为旅行者泡茶。他们头戴官帽，手持县令名帖，在门口恭候客人。中国各地的公馆建筑大同小异，通常用石材建造，一层高度，后面是一列院落。公馆的历史多在百年以上，有些偏僻地方的公馆，接待的首位客人可能是几百年前的古人。因为接待的都是官员，这些客栈都会按照中国官方礼仪要求的良好形式构筑。建筑主旨遵循左右对称原则，这种原则在官员生活和礼仪中无处不在。宴会、就寝、交谈、行走，在中国任何地方，左侧总是尊贵的位置，右侧是劣势的地位。来自西方的陌生人如果希望维持周围人对他的尊重，就必须谨慎地避开右侧。

公馆中间的屋子是一间方厅，是柜台和饭厅所在。面对入口靠墙处有个叫作“炕”的大坐榻。坐榻中间有一张低矮的桌子，将其分成两个座位。对于公馆的客人来说，经过一天的舟车劳顿，疲惫至极地直接坐在右侧座位，就丧失了良好的仪态，这是不可原谅的。两厢从主厅两侧延伸出去，两边各有一间屋子。右厢房通常更为舒服，但是你千万不能入住。如果你住进右厢房，让你的翻译住进左厢房，那么办差的人就会向他磕头，为他奉上一杯早茶，而不是你。虽然公馆比国内其他大多数房屋都布置得好得多，但与穷困潦倒者的床铺相比，似乎也同样原始。

睡觉的炕在屋子的另一头，用砖砌成，大约4英尺高，5英尺宽。炕的坚硬令人难以入睡。除非白天赶路风吹日晒，舟车劳顿，早已疲惫至极，不然很难在炕上睡着。一晚上躺在砖砌的炕上会导致关节疼痛难忍，好像处在风湿病的恢复期。睡觉的时候，中国人会用铺盖把自己卷起来，铺盖是可以折叠的被子。我没有用铺盖，而是用羊皮睡袋把自己整个包起来。虽然睡袋可以抵御寒冷，但丝毫不能减轻砖炕的坚硬所带来的不适。有一次我问一个办差的，为什么不用弹簧或者床垫？他回答说，中国的昆虫众多而猖獗，如果引入西方的床铺，睡觉的人只会更加难以忍受。这种理所当然的想法是错误的。也许他们的建筑蕴含着真正的哲学，但我还是希望他们能够有所变通，接受外来事物。

每座公馆都配有一流的中式火炉，不费吹灰之力就可以烹制好美国食物。由于长时间赶路，大部分时候我们都以番茄罐头和腌牛肉为食。为了不让自己的饮食过于单调，我说服自己尝试办差的人提供的食物。以我对公馆菜单的了解，我认为很多外国人对中国菜肴的抵制很大程度上是一种偏见。至于受过良好教育的中国人批评“洋鬼子”的食物，我倒不觉得奇怪。在中国，人们都是依据几百年前前辈们的配方来烹制鱼类的。前辈们在创造配方的时候，脑子里肯定遵循着卫生的原则。中餐比西餐更倾向于素食。除了穆斯林，其他中国人从不吃牛肉。有些城镇可以买到羊肉和猪肉，但通常人们食用的肉类都来自家禽。中国人比我见过的任何其他人种都更善于细腻地、想方设法地烹制饮食。在每一次精心筹备的宴会上，几乎都能见到莲菜、竹笋、燕窝、咸鸭蛋和鱼翅。使用古老而原始的刀叉简直就是对美食的亵渎。想要享用中国美食，就必须习惯使用筷子。这是一种很容易就能学会的用餐方式。按照中国的习惯，旅行时间是从日出到日落。黎明时分，办差的人就会叫醒投宿的客人，向他磕头，再次拿来县令的名帖。这是一种礼貌的要求薪酬的方式。从理论上讲，作为官府的客人，旅行者是可以免费居住的。但是长期以来形成了固定的小费额度，或者叫作赏钱，作为对办差人的一种额外补贴，金额大约是普通客栈费用的两倍。

马夫是旅行队伍中至关重要的人物，肩负马夫和导游双重职责。在清晨出发前，他必须检查牲畜是否喂过，马鞍带是否系紧。马夫通常骑马走在卫队长前至少100码以外，负责指引道路。在到达过夜城镇前5英里时，马夫会策马疾驰去通知当地官员，报告旅行者即将到来的消息。等旅行者抵达的时候，一切都已经准备就绪。

银两是中国唯一通行的货币，一两银子就是重量为一两的小块银子。支付按照重量计算而不是数量。为了完成交易，专门准备一套装在木盒中的特殊小衡器是非常必要的。即便这样，依旧没有改变银子混乱的交易状况。各个省份的银价通常都不一样，100英里距离的旅途中银价都会有巨大差异。差异的根源在于各地铸银的纯度不同。北京使用的衡器刻度也与长江流域不同。除了中国人，适应统一货币的外国人面对中国货币都会感到绝望。好在银子的兑换是建立在一种法则之上的。这种法则在法国革命后的欧洲也开始采用。当你查看中国衡器那小巧的象牙秤杆时，你会发现上面划分了十等分和一百等分。自从中国发明了货币，直到现在，钱的计算都采用十进制。这种算法早在公元前1100年的周代即开始通行。

第三章

穿越直隶

保定向西向南都是灰色的平原，一直延展到山西山区脚下，几乎涵盖了直隶省的全部区域。有几条类似于美国铁路的大道，穿过平原，连接着其中较大的城镇。这些古老的道路上很早以前便有商旅往来，但奇怪的是官府并不对其加以维护。据说这些道路不是政府的公有财产。这种情况在中国并不普遍，直隶省属于个案。直隶省的大道只是一块适宜作为道路的土地，与田野一同向前延伸。道路属于私人，私人要为这部分道路用地缴纳赋税。因此，所有者极力反对任何拓宽或维护道路的行为，因为有可能会侵蚀他的田地。道路作为私有财产，修缮的责任既不归属朝廷，也不归属辖区官员，结果只能是慢慢被车轮和马蹄轧坏，逢雨雪天如同泥沼，夏日天晴则尘土飞扬。

直隶10月，已是秋天，温度相比夏天低了很多，秋风中夹带着些许寒气。我们决定在10月中旬，一个秋高气爽的日子离开定州。来往的车辆行人让黄色的道路扬起厚厚的尘土。行人戴着草帽，以遮挡强劲的日光。在直隶，11月份依旧有可能中暑。直隶境内绵延数里的田野看上去如同美国大片的菜园。这里的农田很少超过3英亩，通常都在1英亩以内，每一寸田地都被最大限度地耕种。农民经常给天然肥沃的田地施肥，以便收获一年两季的庄稼。这里的气候和土壤很像伊利诺伊州北部，种植卷心菜、洋葱、小麦和荞麦的田地，夹杂在烟草田和棉花田之间。在中国，只要土地适宜，就可以任意种植罂粟，而在世界的其他地方，这种行为则是被严令禁止的。

每隔1/4英里，我们都可以看到驴子驾着长辕绕着辘轳转圈，拉动抽水机从井里汲水，井水顺着沟渠流动，灌溉田地。有些深井依照自流井的原理打成，井壁是空心竹竿而非铁管。中国驴子是我见过最勤劳的牲畜。它们的眼睛被蒙蔽，看不到任何东西。即使无人驱赶，它们也在不停地绕圈子。它们对周遭环境无动于衷，生命中的热望尽数被遗忘，片刻不息缓慢地绕着辘轳行走。这样的辘轳井只是大平原的一个小点，但却是帝国农业系统至关重要的环节，数百万人赖此为生。

直隶路碑不像埃及金字塔，其形状方正，有20英尺高，每隔5里一座。在旅行指南中，中国的1里通常意味着3/10英里。但当你真正接触中国旅人时，会发现中国的里很难作为距离单位。因为中国没有严格的距离衡量标准，他们计算距离的方式并非尺寸，而是时间。平坦道路上从一地到另一地所耗费的时间是距离换算的基数。比如，我们在平原上走5里，大概相当于1.5英里。所以按照中国的算法，山区的5里界碑通常只分割不到0.5英里的距离，而1里宽的河流甚至会被估计为10里，因为乘船过河所花的时间是骑马经过同等距离的3倍。

沿路另一个常见的景象就是石牌坊。石牌坊建造得大同小异，用两根柱子作为支撑，顶上是一块花岗岩石板。牌坊上端常刻龙、虎、犬等动物形象，牌坊上的文字，多叙本地的一位女子在丈夫过世后，守寡多年没有改嫁，因而受到了皇帝的褒奖。官府会为受褒奖的女性树立贞节牌坊，以供其他女性效仿。按照中国的道德标准，这样的贞洁象征着一个女人最崇高的品德。清帝国的财政部门每年会专门拨款，在全国各地修建这样的牌坊，直隶的贞节牌坊比我在其他地方看到的都要多。

在直隶省，几乎所有的土地都被用来种粮食，耕地在这里太珍贵了。为了节约土地，人们比邻而居，于是形成了村庄。这里少有美国那样的独门独户。村与村之间距离很近，大约半个小时的脚程。村中房屋多是一层泥屋，顶上覆盖茅草，沿着道路修建。玻璃窗户在乡下很少见，窗户上糊的是薄薄的一层纸。男人们力耕于野，日出而作，日落而息，妇女和孩子在村庄里留守。经过村子的最后一处人家，看到一块磨盘。那是一块直径约10英尺的圆形石头，表面平整，离地3英尺高。磨盘上放着玉米，沉重的石碾子连接在磨盘的中轴上，可以推着绕磨盘转动。

在中国其他地方，经常看到驴子拉磨，就像拉辘轳汲水一样。但在直隶，推磨的活好像被妇女承包了。

妇女们迈着近乎残废的畸形小脚，慢慢地推动着石磨上的碾子，一圈一圈蹒跚而行。在我看来，这样的劳动痛苦而无趣，但她

直隶境内的制砖方法

停歇下来吃午饭

们并不这么觉得。妇女们边推磨边聊天，时不时发出欢快的笑声，仿佛推磨是一种爱好，其乐无穷。

每个村庄至少有一座神庙，布局相似，最前面是正门入口，正对着路。往进走，穿过一进院子，一排神像端坐在案上，身上涂着鲜艳的颜色。人们奢侈地为神像塑了金身。神庙通常是村子里最好的建筑，是用砖砌成的。中国的砖没有严格定义，仿佛任何一种黏土都可以作为制砖的材料。出于对耕地的珍惜，中国人通常选择路边的土地，挖一个坑，铲出泥土，混合秸秆和泥，然后倒入模具里面，用脚或木板将其压实。成型的砖坯堆在一起，放置在阳光可以照到的地方，经过一周的暴晒，这些砖就算制作完成了。泥砖呈枯燥的灰色，起初是潮湿的，但经过时间考验后，它们最终变得如古城墙一般，非常坚硬，风雨不能侵蚀，就像机器制出的砖一样。北京人有一句谚语这样说，“砖房盖好，第一年让你的仇敌住进去，第二年让你的朋友住进去，第三年自己再住进去。”

当晚，我们宿在新乐镇。抵达公馆不久，当地官员就来了。他是一个淳朴和善的人，显然，他与外国人打交道的经验十分有限。待客的茶刚端上来，他就开始了以问为主的谈话。

“以前的皇帝被杀死后，美国现任的皇帝叫什么名字？”他透过王翻译问我。当我回答“罗斯福”时，这位官员的身体晃动了一下，压抑不住的笑意让他的嘴角微微颤抖。

王翻译告诉我，“他在笑一个人怎么会有这样滑稽的名字。”来访者还想知道“美国皇帝”的年龄及年收入，他以礼貌的形式发问，言谈中透着谦虚。远来的客人会被待之以礼，但客人就是客人，永远不要奢望可以和主人平起平坐，在任何国家，没有教养的人都是不受欢迎的。

从新乐到正定大概有一天的路程，法国军队进驻直隶期间，总部就设在正定。我们下榻的公馆曾是法国军队的官邸。官邸中至今遗留着法国军队的陶瓷灯和钟表。这两样东西早已不能正常使用，但办差的人说起它们依旧充满自豪，这两样东西让他们感觉自己对西方并非一无所知。

从正定城出发，行2英里即到达滹沱河，这是西行必经之地。去向山西太原，必须渡过滹沱河。好在河水很浅，我们沿着河岸边的沙堤行走，马夫把我们带到了渡河处。行人把下身的衣服打包顶在头上涉水而过，我们有样学样，让车马也都下水，踩着河底的泥沙走了差不多3/4英里。在中国旅行，骑马或徒步涉水过河是常有的事。如何优雅地过河，不过度溅水，不打湿全身，就像睡砖炕一样需要技巧，必须通过实践才能学会。

好在骡马已经习惯了在水中行走，大多数时候都非常听话，当然，偶尔也会出现突发情况。比如在水流湍急的地方，毫无征兆地停下低头喝水，如果骑马的人不小心，就会顺着马匹低下的脖颈滑落进河里。

过滹沱河向西行，道路开始下陷，大约低于地平面30英尺。在这样的路面行走，仿佛穿越峡谷，两侧是陡峭高耸的坚硬土崖，夹在土崖间抬头仰望，唯一可见的便是或黄或蓝的天空。这些山谷中的沟壑并非天然形成，而是往来商队年复一年的行走所致。马车在同一条道路上行走了千百年，道路才磨损成这般模样。官方不维护，老百姓也不改道，这条路便以本来的样子保存下来。

许多研究中国文化的人说，中国缺少有纪念意义的建筑，缺少大理石神庙或水晶宫殿。但其实中国不需要什么纪念性建筑物，凹陷的道路，古老的车辙，本身就是中国文明最好的纪念物。

直隶的马车与国外马车不同，我们穿过峡谷中的车辙时，才渐渐明白两者之间的具体差异。中国北方大车和北京大车具有某些相似的特征，它们都很笨重，没有弹簧，只有两个车轮。车毂向外突出6到8英寸。一旦遇到会车的情况，突出的车毂会很碍事，但它却是整个车体的保护措施。当大车行驶在凹陷的道路上时，路的一侧通常比另一侧高出很多，导致车身以及货物的重量都压在一个轮子上，当大车需要这样行驶1英里或者更长的距离时，很容易侧翻。一旦翻车，低侧的轮子可能会被压断，这样的灾难可以通过突出的车毂预防，它在大车侧翻时可以承受重压，保护车轮。

我们将直隶平原飞扬的尘土远抛身后，开始进入山区——获鹿县辖境。获鹿是华北矿藏的冶炼中心，曲折的山路间随处可见采矿留下的碎石。没人知道中国究竟有哪些矿藏，但通过在获鹿见到的铁锅、铁壶可以推知，周边的铁器最终都运来了这里。

山路上常见运送铁器的人。他们有的已成年，有的还是孩子，肩挑扁担，摇摇晃晃地，与我们擦肩而过。铁壶样式有限，据说数百年前就开始流行。获鹿县的矿产似乎源源不断，每天都有大量的铁壶在这里铸造，然后运往他处。

我们常在路上遇见驴队，驴子背上的鞍袋里装着两大块煤以保持平衡。煤是上乘的无烟煤，切成小块以便运送。开采煤矿的劳动者一定为数甚多。这样高品质的无烟煤,在北京一吨大概要卖到12美元。煤炭是山西北部大部分地区的燃料,在那里,农民只需从自家地里挖掘,即可得到煤炭。

从获鹿到太原,大车几乎不再用于运输,最常见的旅行方式是骑驴或骑马。在美国人看来,中国马是压不垮的。清晨跨上马背时,马会踢腾、尥蹶子,甚至试图抛开骑士,但这些并不会让中国骑士感到惊慌失措。他们会松开缰绳,随便马儿奔跑。约莫半个小时后,马跑得筋疲力尽,便会平静下来,恢复常态。中国马通常是颠簸着小跑,能够疾驰如飞的马十里挑一。

出发后,只需一根松弛的缰绳牵引,马匹便会如机器一般前行。它不会失蹄,上坡下坡,越陌度阡,穿山越岭,都保持着均匀而坚定的步伐。临河待渡时,马绝不会犹豫,水浅就涉水而过,水深就游泳过去。中国马终年以铡碎的玉米秸秆喂养,再没有别的饲料,也无福消受刷子和马梳。每天的行程结束后,马夫会牵着马在院子里来回溜达半个小时,以缓解马膝盖的肿胀不适。卸下马鞍后,马可以在灰尘中打几分钟滚儿,然后被拴进马厩,为次日下一个30英里行程做好准备。

穿过曲折繁复的山间小路,我们越来越靠近主路。用王翻译的话说,我在中国内地的道路上越走越远。大道有几英里是用花岗岩石块铺成的。石块露在路面的部分同百老汇大街人行道上的石板大小相若,但厚度却为2英尺到2.5英尺不等。在不使用蒸汽起重机的情况下,成千上万的石块如何被搬上陡峭的山坡,这是中国内地无法解释的神秘事件。一些石块被路过的车子碾碎,正

花岗岩铺砌的大道

在修缮。在这里，除了依靠牲畜脚力赶路外，谁也不知其他的长途旅行方式。从路面的痕迹看，已经有整整一年时间没有大车路过了。当我们踏上帝国的主干道时，随处可见5到8英寸的车辙，这是长年累月使用累积的痕迹。这条主干道上到处是往来的商旅，而中心正是陕西的省会。

我们在直隶的最后一站是正定，一座很小的城镇，滹沱河的支流穿城而过。河上原有一座宏伟石桥，大约150年前，一场春天的洪水冲毁了一个桥洞，没有人修复，残破的石桥至今仍杵在那里，成为人们日常散步的地方。

没有可供通行的石桥，想要过河，只能从桥下蹚水过去。中国人相信命运，是宿命论的拥护者。他们相信洪水冲垮石桥是天意，上天觉得石桥不属于正定。如果上天让他们保有石桥，那么无论如何石桥都不会毁坏。基于宿命论的逻辑，中国人很少修复东西。

正定知府全国知名，大家都说他刚正不阿，才能卓越。我去拜访他时，他站在官署前，以非正式但令人愉快的方式接待了我。谈话开始之前，他先吩咐准备宴席。虽然我到访的目的不过是想更换驴子，但谈话还是被他带到了中国当前的局势上。

“无论我们是否喜欢外国人，”他说，“如果中国希望维护自己的尊严，就必须学习西方的某些方法。但是，我认为，外国人也可以借鉴我们的某些东西，这样子更好。”

王翻译说知府很聪明，深谙为官之道。我们离开时天色已晚，知府坚持派两个下人打着灯笼护送我们涉水过河。在我们身后，上百个老百姓好奇地盯着我们，试图听到我和王翻译交流的只言片语。每当他们成功地听到一两句话时，我们身后就会传来压抑不住的笑声。也许对他们来说，这是第一次听到比满洲话更像外语的语言。

第四章

越过山西的长城

距离正定5英里的山坡上，竖立着一块石碑，这里就是直隶省和山西省的分界标志。从山坡向四周望去，能看到山顶上一些散落的砖块。马夫说，这就是“长城”。我原以为曾在抵御外族侵略时功勋卓著的长城应该是高大雄伟的城堡，城墙上的宽阔道路足以让三辆战车并行，但这些破败的砖堆实在令人失望。

早在基督时代前200年，中国的帝王们就意识到了防范外敌的重要性。山顶是重要的军事要塞所在。秦代将军蒙恬已经开始在山顶上修建工程浩大的军事防御设施——长城，以后历朝历代皆有修缮，直到明朝，长城彻底修筑完备，蔓延于中国北方。一段古长城在我们的视野里沿南北向延伸，这段长城是顺着山西省东部边界修筑的，走向与主线几乎是垂直的。长城主线自东向西，从直隶海湾的山海关一直到甘肃省边界。

长城清楚地显示了古代中华帝国的势力范围。鞑靼的威胁不止来自北方，也来自直隶境内的东部平原。蒙恬修筑长城之时，

山西警察

黑发民族还活跃在黄河及其支流流域。道路进入山西，先是绕着山修了一段，接着向西急拐而去，中间经过砖堆一般的城墙，这些防御工事给接近长城的敌军制造了困难。石头砌成的道路上，昔日的高大城门巍然屹立。

快到长城的时候，我们遇到一支六人兵队。受外国影响，他们的装扮与举止不同于普通的中国士兵。他们放弃了传统的红白制服，身着全套蓝色卡其布制服，肩上扛着足以为世界上任何军队增光添彩的毛瑟枪，身上背着子弹带。这是我在中国见到的最为整洁合身的制服，不知道他们隶属何处。当我感到疑惑时，一位佩剑军官向我走来，并手触帽檐对我行礼。

这样的礼节出现在中国人身上显得很奇特。中国士兵的礼节通常是握手并鞠躬。这位军官指了指右臂上的白色徽章，上面以英文标识着“山西警察”。他说自己接到上级命令来迎接我们，并护送我们前往太原。我怀着感激之情给他递了一支烟。他疑惑地看了看，用打火石点燃，接着和他的部下简单打了个招呼，士兵们跳上马背。我们穿越山西的旅程开始了。山西的骑警是中国向西方学习的成果，也是我在这个国家唯一一次看到中国人以理性的态度对待西方。

山西的外国人在义和团运动中被杀，因此，古老的山西差点被联军攻占。德国的一支远征军兵临城下，叫嚣如果政府不同意赔偿协议，后果将不堪设想。惊慌失措的省政府官员，不仅答应支付教会赔款，而且为了讨好“远方的客人”，还特别实施了几项新政策，其中就包括建立新型警察制度，以保证山西境内外国人

直隶兵勇

的生命财产不受侵犯。

有警察保护，文牒便不必时时携带，旅行者只要本国护照就可以了。这名警官检查了我的护照，确认无误后，跳下马，命令下属尾随。我们的护卫队伍是接力的，沿线每隔30—40英里就有一个警察局，每到一个警察局，新的护卫队就会取代之前的。警察局通常是一处旧建筑，门口有奇怪的英文标识“警察局”。如果不是这个制度为时甚短，且与传统中国军人的行为截然不同，你恐怕会觉得这一制度组织严密，合乎当下现实。山西警察局在特殊情况下才会配备3支火枪。这些火枪制造于1876年，但武器的陈旧并不影响士兵潜力的发挥。如果训练得法，新军的适应性、纪律性和组织性，都表明这些士兵可以被训练成真正的军人。

山西警察的另一职责是传送邮件。因地形复杂，他们经常要翻山越岭。邮包用生牛皮制成，摇摇晃晃地悬挂在马鞍两侧。山西警察对邮件的态度，让我相信他们对邮政的了解非常欠缺。送信的警察经常举着密封的邮包，对着光线试图看清里面的东西。他们白天用邮包当垫子，晚上当毯子。邮件在固定的时间从山西发往北京，每周两趟。警察局无法容忍邮件丢失或被盗，一旦这种情况发生，负责运送的警察就会面临处罚，这会让他们抬不起头来。

山西警察是我在中国遇见的“最好的人”，他们把烟袋锅和烟草系在子弹带上，用打火石给我点烟，这个动作让他们感到兴奋，他们开心的笑容在中国是少见的。山西警察是各类生活信息的百科全书，这让我们的旅途充满乐趣。他们熟知各个时代的英雄、精灵以及龙的传说故事。每过一间路边庙宇，他们都能讲出少为人知的情节；每过一处官员墓地，他们都能讲述亡者生前的经历。

一旦穿过长城，旅行者就可以清晰感受到新旧中国的巨大差异。山西与直隶的差别就像马萨诸塞州和得克萨斯州的差别那样大。首先是建筑，相比直隶平原，山西多历史遗迹和巨大庙宇。前往太原的路上，隔不了多远就有巨大的方形石牌坊，上面没有装饰性雕刻，风格和明清牌坊也不一样。方柱立在四个基座上，支撑着横梁。石牌坊上几乎没有曲线，不知是刻意避免，还是因为其产生在曲线尚未用于此类雕刻的古老时代。

公路边有很多灰色石碑，用来纪念逝者。石碑立在石龟背上，石龟上刻有精美的花纹。在中国神话中，乌龟地位崇高。不少学者认为，中国文字的雏形就来源于龟甲上的纹路。在传说时代，乌龟被视为永恒不朽的象征。石碑内容多歌颂“好官”政绩。有些石碑记载去世的官员如何在本省“维修道路”，有些则记载了官员“向穷人施舍1000两银子”，还有一些是学生们为老师立的，感谢恩师的教诲，其余一些石碑则是赞扬身处底层但品行高洁的人。

在我看来，这些碑文内容是对中国仁善美德的有趣评述。碑文行文大多如下：“他虽一生穷困，但事父尽孝。”赞美妇女的碑刻则是：“她忠于丈夫，夫死之后，余生守节。”一些石碑前围着动物笼子一般的石栅栏。在中国人看来，人死之后，亡灵会在石碑和栅栏间以另一种形式存在。因此，我们可以看到虔敬的死者亲属会将饭碗和食物放在那里，供饥饿的亡灵取食。

进入山西后，我第一次看到神树崇拜。穿越一片小树林时，

山西的一座“古老”牌坊

我看到其中一棵树上面挂满写有字的红色小布条，当地百姓称之为“祈愿树”。据说祈愿树在中国西北很常见，百姓相信祈愿树是神仙居所，可以治愈疾病，翻云覆雨。人们虔诚地膜拜这些树木，受益的人都要在树枝系上一条红布，上面记着其受益的经历。这与西方世界中的专利药品推荐书异曲同工，足以唤起人们对祈愿树奇异功能的好奇心，吸引人们来膜拜它。

然而为何选择这一棵树而不是其他树作为神仙居所呢？我从未得到过圆满解释。一片树林里大约有20到30棵树，树龄与高度相差很小，但只有一棵树系满红布条。也许真有某个中国病人试遍了所有的树，发现只有一棵可以治愈他的病。但在我看来，“祈愿树”的选择是随机的，至少我并未看到上面有神仙居住的迹象。

从山脚到山顶，田地层层堆叠，是为梯田。远远望去，山脉的崎岖之美尽在梯田。梯田由约4英尺高的石坎圈起来，沿着山坡向两侧延伸。垒石坎的石头很零散，要将它们挪到一起既劳力费神，且要有极大耐心。梯田通常种小麦或其他谷物，现在看去却是一片荒芜。当地人解释说，春播已经结束，地里没什么活儿，不大用管。

沿途每过一段就是一个村庄，这点跟直隶很像，但盖房子的办法完全不同。山西房子背靠山坡，用粗糙的石头建造，一个家庭至少两间屋子，一间是起居室，另一间是储藏室。这些房子一家凌驾于另一家上面，很省地方，一座几百户的村庄占地不过几英亩。远远望去，山西村庄就像一座巨大建筑，类似于新墨西哥州祖尼印第安人的村庄。山西人为了节省土地而集中居住，但一

“石门帘”

定会有道路穿村而过，行人从任何一个方向进入村庄，都会看到高大的石墙，墙上大门洞开，石墙上用很鲜艳的色彩描龙画虎，以吓阻搅扰村庄的妖魔鬼怪。

行走在山西山区，一天之内，至少要经过两个重要城镇。城中商铺之繁多，集市上农产品之丰富，令人联想到当地人在这块贫瘠土地上艰苦奋斗的景象。显然，这种奋斗的结果出人意料地成功。

过长城，再走大约两天即达平定。平定是一座繁荣城镇。城内有宏伟的庙宇，旁边是大市场，50余名菜贩蹲在地上，向过往的路人叫卖。小贩的菜篮里有一种白土豆，我验看之后，觉得与爱尔兰或美国出产的土豆大小差不多，应该不是本地土产。这样的品种在外国人的居住地之外很难买到，据说是半个世纪前耶稣会传教士带到此地的。

离开平定后，我们沿着陡峭的道路上行。接近山顶时，一道约20英尺高的石墙横在路上，中间有拱门，宽度可容两头骡子并行穿过。拱门上面是一座庙宇，道路于此下陷5英尺有余。石墙于路似乎是一道全无必要的障碍。我很好奇，是何种动机促使砌墙者砌了这么一道境遇尴尬的墙。待到我们穿过拱门，置身于墙的另一侧时，砌墙者的动机便一目了然了。

我们向下望去，远处是一片犁沟满布、略呈圆形的灰色平原，整齐划一的梯田缘山而上，直抵我们的马蹄之下。平原在群山环抱之中，如同某些巨大圆形剧场中的座位。

西望北望，皆是高山，空中万里无云，夕阳西下，与终年积雪

从石墙的拱门处眺望，眼前所展现的风景

的山峰汇合，细长的紫色阴影穿过梯田斜斜落下。只有一处可以将这幅超过15英里的壮丽画面尽收眼底。也只有从一处望去，山地、梯田、原野可以在画卷中保持它们原有的比例。

这一处正是石墙所在的位置。倘若从山下仰望，只能看到梯田的一部分，而从更高处俯瞰，平原则显得无关紧要。只有从石墙的拱门处眺望，画面才完美无瑕。

警察用马鞭指着石墙说："这是道帘子。"数百年前，有人感受到此处统摄的一山绝景，不想后来的人因为旅途匆忙而忽略了脚下自然剧场的壮丽和谐之景，于是设计了这道石门帘，中分山色。旅人于此暂停小憩，天然剧场的瑰丽之景赫然眼前，这才是令人惊喜之处。这个石墙的建造者对世界之美的感知程度非比寻常，但却不是个"白人"，而是一个盘着辫子的异教徒，一个中国人。

第五章

荒芜大地

从长城到太原的山西山区里，几乎所有沿途村庄都有某些相同之处，少有超过300人的村落，皆孤独而偏僻，如同世界其他同等规模的村落一样僻远。村民们没有奢侈品，也缺乏令人舒适的用品，但他们快乐而满足，没有穷人存在，中国村庄没有贫民窟。整个村庄没有人的日收入超过25美分，而每天25美分的收入也仅够其全家置办衣物，及在石砌或泥糊的储藏室里储存玉米和小麦，以应付漫长寒冷的冬季。村民肮脏不堪，对现有的任何卫生法则都没有概念，但他们却成功繁衍生息，很好地维持了一种平衡状态。这种状态既可以遏制野心，也能有效预防西方文明中常见的牢骚满腹。

我曾说过，在穿越山西的旅程中，每过24小时，至少经过一个村庄。不管以何种标准衡量，那些村庄都称不上幸福快乐。远远望去，贫穷村落与其余村落的区别显而易见。村庄入口的村堡围墙已沦为废墟。村堡摇摇欲坠，屋顶破损，四处漏风。村民对善神恶鬼都缺乏兴趣，走近看，窗户上的纸还有窗格都没了，门窗仅靠门轴支撑。路上没人卖菜，村里仅有的一两家店铺也大门紧闭。在房屋的阴影下，几个男女或蹲或躺，皆在麻木状态之下。他们眼神呆滞，面无表情，吊着一张脸。他们衣服是碎布片拼成的，补丁摞补丁。他们几乎不抱任何希望，全然不顾已经编好的辫子，任由头发散乱纠结，光泽全失。甚至连一些尚在襁褓的婴儿也一样皮肤皱缩，脸色枯槁苍白。这一切都是鸦片造成的。

我无法完全描绘这样一个村庄的悲惨与堕落，它以“鸦片村”闻名周边。无论护卫我的警察原先多么愉快，每当经过类似的村庄，他们都会沉默不语，脸色严肃而黯淡。每当我们走近这些村落，他们总是狠狠踢打马腹，疾驰而过。为首的警官也一副厌恶的表情，不愿多谈鸦片村。当我问及，他总是摇头敷衍。按照王翻译的解释，“这些人难逃一死”“他们无可救药”“鸦片害了他们”。但从山西传教士和省府官员那里，我获知了鸦片为害中国西北的详细情况。每年都有大片山区土地颗粒无收，村民无望，于是沉溺于吸食鸦片，整个村庄沦为“鸦片村”。当他们吸入第一口大烟，鸦片带来的飘飘欲仙的愉悦感，令他们忘却了生活中的苦闷与饥寒交迫。男人、女人，甚至儿童，都开始有组织地吸食鸦片，成为鸦片的受害者。村民们将耕作抛在脑后，除了鸦片带来的愉悦感，他们不再关心任何事。他们不再被视为正常人，而仅仅是“鸦片村”的居民。

从那时起，他们即被打上了堕落的烙印。人们尽可能避开“鸦片村”。“鸦片村”的村民日复一日，倾其所有，以满足自己对鸦片

途经一座“鸦片村”

的渴求。或是由于长期吸食鸦片的毒害，或是吸食过量鸦片导致的事故，让他们相继死去，直至传承了数百年的安静村庄成为荒凉破败的废墟。没有人声来打破这里的寂静，只有蒙古利亚冬季刺骨的寒风毫无忌惮地吹过。

由于中国对死亡人口不做统计，所以我无从得知鸦片受害者的具体数目。但在山陕两地旅行的人，对两省每年受害者数量达万人之多的事，毫无怀疑。任何一个城镇，不拘大小，都有为鸦片吸食者开设的收容所或戒毒所。这些机构一如美国的金疗法(gold cure)或酗酒治疗所，都为一个目的服务。其中一些诊所属于中医，他们宣称已经找到了戒除鸦片瘾的办法，还有很多机构是由不同区县维持的。这些机构的存在，成了可怜不幸的人最后的希望。一些福音堂也开办了戒烟所，某种情况下，他们用吗啡药丸替代鸦片，尔后逐渐减少吗啡用量，最终帮助病人彻底戒除鸦片。尽管戒烟机构很多，但真正拯救的生命数量与中国鸦片广泛传播带来的灾难相比，其效果是微乎其微的。

我并不打算在这里讨论英国的鸦片贸易，有关这一问题相关章节已经提到，后面也还要提及。鸦片贸易还在继续，而且可能会一直继续下去，直到“孤立无助的中国”崛起强大到足以抵抗外敌入侵，又或者某些基督教国家泯灭的良知重新觉醒。然而，山西这些被遗弃的衰败乡村给我留下了深刻印象，使我不得不对此发表一些评论。

如今，对于英国从事鸦片贸易给中国带来的灾难，几乎整个文明世界都坚决反对。作为回应，英国国会于1893年组织了一个皇家委员会“充分彻底地”彻查此问题。委员会在1893—1894年冬天持续工作数月，出版了长达7卷的工作成果报告。整卷报告主旨如下：迄今为止，鸦片根本不是一种有害物，如果吸食适当，并不会对人体造成损害；而在中国，很少有人过度吸食鸦片。综上所述，中国人不希望终止鸦片贸易。

令人遗憾的是，该项报告没有在格列佛开始其游历前出台，否则从这7卷报告中随便摘录一些内容都会是上佳之作，可以朗读给大人国国王听。尽管欧洲和美国的每个人都知道吸食鸦片有害，但皇家委员会依旧得出了鸦片无害的荒谬结论，其声称鸦片危害如此之小，以至于不需要举反例加以证明。要不是大量“熟知”中国情况的目击者提供了证词，鸦片问题甚至会被认真对待。在我看来，正是某些证词，而不是报告本身，可能会误导别人认为皇家委员会的结论在某种程度上是基于事实的。以下就是一个例子。委员会说：“我们接到了达夫先生的来信，作为一个商人，他在中国生活了30年。在他看来，鸦片并没有给中国人的生活带来危害，相反，因为鸦片满足了中国人实际需要，没有了鸦片，中国人反而难以过活。”任何一个持这种观点的人都是可疑的，因为他们并未了解到实际情况。

如果“商人”达夫先生认为河流的天然走向是从低往高，或者说他经过30年的观察，认为月亮是一块绿色奶酪的话，我们是不是也可以相信他的判断力和观察力呢？很可能达夫先生在中国长期身居高位，与很多外国人一样，很少离开开埠城市。自从读了他的“观点”，我怀疑达夫先生能否面不改色地在那些濒死的山西

太原城内的戒烟所

“鸦片村”里站立30分钟，而不是30年。如果他不在那里切身感受当地人的生活环境，以及曾为“居住地”的遗迹废墟，他就不会修正“鸦片对中国人无害”的观点。

有人告诉我，在中国，确实有人认为鸦片无害，希望继续贸易。我说，或许有这样的人，但我从未碰到过。相反，各行各业的几十名中国人在和我讨论鸦片问题时，都认为鸦片是浮在中国上空最黑暗最危险的阴云。一些官员甚至认为，中国之所以无力应付新涌现的种种问题，此前遭到种种失败与损失，精神日渐沉沦，德行丧失，都应归咎于近一个世纪的鸦片贸易。

山西洋务处的道台为了让我相信护送我穿越该省部分地区的士兵品行优良，他说道：“他们中没有人吸食鸦片。当我们的人戒除了鸦片，无论是当兵还是从事其他行业，无不优秀称职。但他们一吸鸦片，就会沦为一无是处的废人。”在中国内地，“从未吸食鸦片”是对一个人最高的褒奖。

但是，如果中国人真的认识到了鸦片的罪恶与可怕，为什么他们还要继续吸食呢？我承认鸦片贸易捍卫者关于鸦片无害的部分看法，即仅仅从消费者的立场看，中国人是自由个体。但对于每个生命个体而言，因吸食鸦片造成的悲惨生活、精神崩溃、肉体折磨皆落在个人身上。无可否认，装着罂粟的小罐子对普通中国人来说很可怕，但对于鸦片吸食者而言却拥有无比奇妙的魔力。鸦片对中国人的诱惑比鸟对蛇的诱惑更甚，因而中国人在劫难逃。但错不在中国人民，而是国家和政府让鸦片流毒无穷。

1773年，英国的东印度公司进行了首次实验性鸦片贸易。从那时起，中国便不断抗争、抗议，甚至恳求停止输入鸦片。事实上，在19世纪，除了中国，是否还有其他国家为坚持原则、反抗不平等做着长时间的抗争，这些都不得而知。不过鸦片首次从西亚引入中国时，中国政府就预见到死亡和灾难即将落在帝国头上。罂粟种植被严厉禁止，官府制定严苛的法律以禁止鸦片销售，鸦片被成功地排出国门之外。这种情况一直维持到英国开始从印度向中国输入鸦片。当所有呼吁无济于事时，钦差大臣林则徐在广东销毁了几千箱英国鸦片。因此爆发了1842年的鸦片战争，战争的结果是中国向英国赔偿了2100万美元，并将香港岛割让给了英国。

与英国的另一场战争后，1860年签订的《天津条约》确认了鸦片贸易的合法性。即使备受欺压，受尽凌辱，中国从未放弃抗争。1868年，内阁大臣文祥以皇帝的名义，向维多利亚女王发出了一份令人动容的呼吁，请求她制止其臣民强加给中国人民鸦片的罪行。这份呼吁写道“提议为英国在中国的任何地方从事贸易都做出让步，预先同意放弃任何要求，只要能够去除掉中国为之徒然抗争了多年的诅咒”。但是，文祥的这份呼吁引起的唯一回应，就是来自英国驻北京公使的一份简单回复，大意是他没有接到本国政府的任何答复，中国政府也不应指望提出什么要求。

虽然中国政府希望所有基督教国家停止对中国的鸦片贸易，但在过去的20年里，它却允许百姓在其疆域内种植和销售鸦片。在山西南部和渭河流域，我看到数以百计开着罂粟花的地块。中国大规模种植鸦片，使印度政府在鸦片贸易中的收入从1879—1880年的8251670英镑减少到了1895—1896年的3159400英镑。

有烟瘾的叫花子

种植鸦片这一事实，经常被作为中国人真心希望继续进行鸦片贸易的论据提出。但事实上，这只能证明相反的结论。之前颁布的禁止鸦片种植和销售的圣旨从未被废止过，直到今天，在北京和一些大城市，要是公然破坏禁令，有时候也会受到严厉惩罚。

但是，经受了一个世纪的羞辱、失败和领土沦丧，中国人也明白，想要阻止鸦片贸易是不可能的；他们清楚，英国的真正目的是英镑、先令和便士。中国政府指出，如果一个国家长期通过罪恶来牟取暴利，攫取财富，那么，谁是受害者就非常清楚了。中国拥有五千年文明。带着这样的尊严和耐心，中国对当今最伟大的基督教国家说："你们比我们强大，我们阻止不了你们在全盛时期耗费我们的国力，鸦片这个致命的祸害令我们麻木、堕落和沉沦，将曾经祥和的村庄变成停尸房。虽然我们阻止不了你们，但是我们能够保留贸易中的利润，你们的贪婪终将徒劳无功。"

时至今日，英美的基督教士还是不明白，何以福音之光穿透中国"异教"的黑暗需要如此漫长的时间。

第六章

抵达太原

平定位于前往太原的中途，二者之间是大片荒野山区，偶尔可见梯田。城与城之间相距甚远，旅人往复，触目处俱是荒凉。愈近太原，生机愈乏，峭壁巨石渐少，代之以连绵不绝的红褐色泥土。这种泥土质地坚硬，只宜荒草和低矮灌木生长。当地居民住在土窑洞里。窑洞在道路上方，高出路面30—40英尺，据说可避突如其来的山洪。年年春汛，山洪都会自高处冲下来，卷走一些不幸的旅行者。

在中国，穿越悬崖峭壁最好的交通工具是骡子。每当我看到骡子在悬崖幽谷边的狭窄小径上行走，都不禁怀疑，它会不会从上面跌落。而中国的骡子似乎早已适应了这种糟糕的路况，从不曾惊慌失措以致失去平衡而坠落。

骆驼亦是重要的交通工具。据说马对骆驼充满恐惧，就像害怕火车一样。因此，驼队只在夜间赶路。晨昏常会碰见驼队，驼队尚未走近，驼铃声已在寂静的山间响起。驼铃是头驼的标志，其余骆驼如影随形，跟在头驼后面，听凭铃声带它们到任何地方。驼队的领头人骑在头驼之上，三四个赶驼人散在队伍里。迄今为止，没有一头骆驼在驼铃的引导下迷路。

蒙古人是亚洲最擅长养骆驼的民族，赶驼人多出身蒙古。他们是天生的牧民，居无定所，终生在驼背上生活。蒙古人的服装与汉人不同，他们上着美国棒球夹克一样的短羊皮外套，下蹬高过膝盖的羊皮靴，在内地显得很特别。汉人传说赶驼人通晓驼语，可以与骆驼交谈。我们也曾看到赶驼人对他们骑乘的骆驼柔声低语，他们坚信骆驼可以听懂。

驼队被称为中国西北的“长途货车”。短途货运靠驴车，在驴车无能为力的路段，只能依靠骆驼载着货物长途跋涉。驼队的背袋里装载着各式货品，从大米到产自日本的硫黄火柴，无所不有。沿途市镇外都有给驼队准备的休憩之所。骆驼白天在砖砌的围墙中安歇，赶驼人就躺在旁边的空地上。

离开山楂树公馆的早上，我发现马镫带是用旧绳子打了个结做的，于是让王翻译告诉马夫，这个马镫带不牢靠，希望他能换掉。马夫是个身高6英尺的家伙，粗俗健壮，他向我保证，这个马镫带比我以前用过的任何皮革都要结实。我们离开城镇半个小时后，碰到经过的驼队，我的马受了惊吓，猛地停住，马镫突然断裂，我被摔下马背。我忍着肩膀疼痛回到马旁边，看到王翻译正在狠狠地教训马夫。我听不懂他的话，但他的语气凶狠，可以看出他很生气。王翻译比马夫要矮一截，为了方便教训马夫，他站在一个高约2英尺的土堆上，对马夫踢打。我出声制止王翻译，他的眼睛里冒着火，怒气冲冲地向我走来。

“你为什么要打他？”我问。

“我是在教训他，他是个坏蛋、蠢人，他把不能用的马镫给我的主人，导致您摔了下来。他是个日本鬼子。”

我很感激王翻译对我的关心，但是教训一个比自己壮两倍的人，并不是明智的选择。万一马夫反抗呢？那岂不是很危险。

“哦，那没有关系，先生。”他诚恳地说，“那家伙知道自己错了，他知道自己做了坏事，他还能有什么话说？他必须承认错误。所以我可以惩罚他。”

王翻译是对的，这个马夫似乎对他被踢打并无意见，一点也没反抗。他牵住我的马，重新绑好马镫带，以坚持到下一个城镇，在那里买一副皮革制的马镫带。这件事让我注意到中国人独特的性格，此后许多类似的事也证明了这一点。每当做错了事，带来灾难，不管有意无意，为此负责的人马上会变得逆来顺受。既不找借口抵赖，也不反抗，而是默默等待惩罚。

即使在最偏僻的山区，也常常可以看到路边小庙。有些是在山坡上挖出的窑洞，村庄附近的庙宇则是砖瓦砌就的，其布局大体类似。庙内案台多供奉六到八个神像，取材于儒释道三教里的英雄神仙，其信仰三教杂糅，合为一体。神像一般用泥塑，漆着华丽的颜色。令人诧异的是，拜神者寥寥无几。在长达1500英里的旅程中，我见过数以百计的庙宇，但有善男信女膜拜的庙宇不超过三座。

后来，西安的一位中国学者向我解释说，在中国，庙宇被视为

信使

抵御邪魔外道之地，是获得幸运的源泉，而非崇拜之地。庙宇是官方建立的，但所在之处的土地却是私人财产。地主非常乐意为修建庙宇贡献土地，他们相信华丽的泥塑神像身处自家的土地，就不会有灾祸病痛降临。他们每月为神像净面两三次，洒扫除尘，常加修缮，照顾神像远比照顾家人用心。也有游方僧人管理的庙宇，偶尔可以看到他们站立在庙宇前，托钵等待旅行者的施舍。

山间最美丽独特的人物也许要算帝国信使了，他们穿梭于各省省会之间，将邮件从帝都传递到内陆的地方官员手中。无论道路如何崎岖险峻，信使总是策马疾驰而过。驿站备有驿马，以供换乘，信使每日最多可行驶100英里的路程。他们不戴帽子，只是将辫子紧紧缠在头上。急件装在黄色宽腰带中，缚在腰间。单人匹马，如一颗炮弹般飞驰。

在距寿阳城约2英里处，我们遇见一支由士兵、衙役以及跟班组成的队伍。他们头戴圆帽，穿着白色或红色的上衣，由一位年长的佩剑军官率领。我们走近时，他翻身下马，告诉我们，他们奉命担任我的护卫，护送我们进城。这支队伍走在我们后面，我发现自己成了焦点，在众人的目光中走进城门。市民们有的涌上街头，有的挤在门窗边，指指点点，议论纷纷，城中的狗也对我的马狂吠。他们是如此的热情，有几个人甚至在旅馆门口鸣鞭放炮。如果一个如我般的普通美国人希望被隆重对待，我建议他大模大样地走进这样一座山西小城。与这种热闹的场景相比，马戏团大篷车都算是安静的。之后很长一段时间，我都不明白古老的寿阳城何以如此欢迎我，我甚至怀疑我的名声已经从美国传到这里了。

如果不是我留意到当地办差的与王翻译的谈话，我几乎以为事实就是如此了。

办差的向王翻译解释："这个地方曾因为传教士惹上大麻烦。"1900年的时候，一个名叫毕翰道的英国传教士带着沉重的枷锁，被从寿阳押解到了太原，随后被处死。下达命令的寿阳县令因此被屈辱地解职。继任的县令害怕欧洲人，不想同他们打交道。他觉得欧洲人会给他带来麻烦，连累他失去职位。当我们到达寿阳时，他已经躲出去了，派了一位老人接待我们，即使惹得我们不高兴而带来什么麻烦，也是这位老人负责。毕竟老人年事已高，对什么都不在乎了。

"但是为什么他要安排如此隆重的场面迎接我呢？"我不解地问道。

"因为这个老人也害怕欧洲人，"王翻译回答道，"他想取悦于你，所以他让他的朋友们一起来制造热闹的场面。如果你喜欢这样，你也就不会找他麻烦了！"

一种失落的情绪笼罩在我心头，原来我并不如想象的那样受人欢迎。喝完茶后，我叫来那位老人，告诉他，寿阳城的老百姓看到我后兴高采烈，我从未受到过这样热烈的欢迎。这一切让我印象深刻，我不会忘记他的好意。我希望他向那位官员转达我的谢意与问候，很遗憾没能与他谋面。由于我表达了谢意，老人蜡黄枯皱的脸上勉强浮现出一些愉快的神情，心理重负消失，他随即恢复了气度。他在自己的位置上坐下，端起茶杯，点燃我递给他的香烟。犹豫片刻后他问道："先生，您是否是一位传教士？"我

山地轿子

回答说:“不是。”同时向他出示了庆亲王的名帖。名帖的效用实在出人意料,老人以惊人的速度跨步到房子中间,跪下磕头。

“大人明天就会回来,”他说,“如果您能稍候几日,就能见到他。”但前路漫漫,使我无暇享受更多寿阳城的热情,我表达了深深的遗憾。会面结束后,我坚持请这位灰白辫子的老人走在前面。出城时,送行的队伍面对面站在路两侧,领队骑着马站在中间。他们都以一种古怪的眼光注视着我,仿佛在问,既然不是传教士,我为什么来到寿阳呢?

离开寿阳的第二天,山路即走到了尽头,我们进入黄土高原,一直到太原,都是沙土路。从我们从北京出发那天算起,这已经是旅途的第十天了。清晨,我们的卫队长骑在马背上,对远处灰色山丘般的风景指指点点。那一片灰色横亘在我们的前路上,在几英里外就可以看见。走得近一些,才发现原来是太原城的城墙。抵达城墙,我们就走过了300英里。

后来我翻阅日记,发现那天是一个星期天,大概上午10点钟左右,我们到了太原。虽然我早已习惯中国周末没有礼拜日,内心还是禁不住丝丝期待,希望看到安静的街道、闭门的店铺,以及去教堂礼拜的人们。但我很快反应过来,甫入城门,即是太原最繁华的闹市。店铺老板站在柜台前,小商贩在街上大声吆喝,兜售各式商品。官轿来来往往,连戒烟所都有人盘桓。太原人当然没有形成周日到教堂做礼拜的习惯。

此后的三天,我作为城中一名白人传教士的客人,才有幸了解到太原的概况,此前很少有白人到访。太原城大约有五万人口,是从蒙古到南中国的商道上的重要贸易中心之一。除了一些规模庞大的商铺，太原城里还有众多的票号。城中街巷肮脏，像大多数中国城镇一样，路面不铺设砖石，也缺乏统一的规划与建设。想要在太原街上沿任一方向直行，哪怕四分之一英里都是不可能的。街道常常无故拐弯或变向，多死胡同。两千年来，太原城在官方的主持下屡经修缮，但可以肯定的是，负责修路的官员并未尽到责任。

太原因为宋朝的第二个君主宋太宗而知名。在被宋朝占领之前，太原是北汉政权的都城，北汉的君主联合韃靼，与宋朝对抗。公元980年，宋太宗与大将潘美率军围困太原。太原城中缺粮，军民饿死甚多，仍拒不投降。城上滚木礌石罄尽之后，城破在即，北汉末代皇帝刘继元见势不可为，多加抵抗不过徒伤人命，遂打开城门，俯首称臣。宋太宗感念他的英勇，不仅没有杀他，还封给他爵位。城中的男女妇孺则没有那么幸运，他们被流放到直隶，原来直隶的百姓则被徙来此处。

太原人，乃至山西所有人，都极端仇视外国人。从太原向西直到新疆中间的广大地区的人们，至今仍保有成吉思汗时代的记忆。在山西北部，端亲王声名显赫，他的家就在这里。他是个大人物，正是他下令杀死了德国公使冯·凯特勒。如今，朝廷遵照外国联军的命令将他流放新疆，但熟悉他的人都知道，这种流放的日子不过是他再次将外国人驱赶出中国的酝酿期。

我在太原听到一个传言说，端亲王正在边境集结一支军队，他发誓，五年之内，将不会有一个外国人活着待在北京。类似的谣言在我访问山西期间广为流传。无论这种谣言在多大程度上属实，也不管端亲王将来的目的是什么，毋庸置疑的是，义和团运动期间，他的观点和影响在山西至关重要。正是山西，在1899—1900年的排外运动中首先采取了许多危险的手段。

北京外国公使馆被围困之时，毓贤担任山西巡抚，他开始对辖域内的外国人进行残酷的镇压与处决。即使义和团运动中最骇人听闻的故事，也无法与他的行径相比。那时的山西跟现在一样，境内的外国人就是传教士。他们被毓贤逮捕解往省城，抵达后被禁闭在一座舒适的房子里，供给食物，甚至可以保留仆人。没有人知道毓贤打算怎样对待这些被囚禁的人。这些人中有罗马天主教修女，也有新教教徒和他们的妻儿。一些传教士猜测，毓贤可能是想保护他们免受暴民的攻击，事实证明他们错了。一个礼拜日的清晨，毓贤命人把他们带到巡抚衙门的院子里，亲自指挥处决了他们。这次屠杀是有预谋的，当时的清政府在慈禧太后的掌控之下，山西官员是奉了她的命令。庚子事变时，八国联军攻入北京，要求清政府处死毓贤，慈禧太后不得不命令毓贤自杀。于是，在杀死那些传教士九个月后，毓贤在太原自尽。

一位不排外的新巡抚走马上任，接替了他的职务。

为了处理后续的对外赔偿问题，沈敦和受命担任督办。沈敦和曾在剑桥大学留学两年，是当今中国复兴最重要的人物之一。他能讲一口流利的英语，像欧洲人和美国人一样，对当代流行话题非常熟稔。他以对外友好知名，因此引起了朝廷保守派的极端仇视。他被排挤到蒙古边境的一个小城镇任职，远离朝纲，过了十年韬光养晦的时光。山西因为毓贤的行为招致外国联军的惩罚，迫切需要一位能够赢得外国人信任的官员来收拾残局。沈敦和迅速起复，被派往山西担任专理洋务的道台，处置各类涉外事件。

沈敦和不只是考虑金钱赔偿问题，而是更进一步安抚外国人，协调双方关系。他在太原建立警察体系，创设邮局，不仅照顾到外国人的安全，也方便了他们的生活，加强了他们与本地人的交流。山西人也因此渐渐认识到那些“外国野蛮人”其实也是人。

对到访太原的外国人而言，与沈敦和先生交谈是令人愉快的事。几天沉闷无聊的应酬后，我兴高采烈地去拜访他。“您喜欢雪茄还是香烟？”他问我。接着以一种机智得体的方式告诉我他曾访问过美国，“我希望有生之年能再去一次纽约。我想看看摩天大楼。我最后一次路过纽约去往剑桥时，那里还没有高楼。我非常喜欢美国，事实上，我喜欢它就像喜欢英国一样。”

我称赞他开创山西的警察制度，并告诉他，山西警察是我在中国各地遇到的唯一拒绝赏钱的男人。

“啊，很高兴你亲身经历了这些，”他微笑着说，“我正准备在警察中挑选军人，不仅仅是战士，而是真正的军人，就像你们外国人理解的军人一样。我正尽量向他们灌输军人的荣誉感和使命感，不允许他们在执行任务时收受钱财。”

我在太原的最后一个晚上，大约11点的时候，街上传来巨大的声响，我被吵醒，向外望去，人们奔走呼告，敲锣打鼓，放炮吹号，官府对此似乎也未加约束。正常情况下，中国城镇的夜格外安静，我意识到，一定是发生了非同寻常的事情。

我一边穿衣服，一边胡思乱想，是不是发生了义和团之类的暴动。跑到院子里，发现大家都聚集在那里，传教士站在中间。他指着边缘变黑的月亮对我说，依照中国的传统说法，月食是一条龙吃掉了月亮的一部分。人们制造噪音是为了吓走龙，以拯救月亮。接着传教士开始给大家解释月食发生的真正原因，并在院子的地面上画出太阳、月亮、地球的位置和运行轨迹。王翻译一脸认真地听着，似乎听明白了。

“你听明白了吗？”传教士讲完后问王翻译。

“哦，是的，先生，”他回答道，“在教会学校他们教过同样的内容。”

渐渐地，月食过去了，城市重新恢复了平静。

次日我们继续在通往西安的道路上行进，傍晚时分抵达徐沟，太原以南30英里的一个小镇。一天的辛苦跋涉后，王翻译和我坐在旅馆门口。空中万里无云，皎洁的月亮又一度俯瞰着这个熟悉的民族，代代相传，中国人繁衍生息的历史比其他任何民族都要久远。王翻译静静地遥望着月亮，似乎在沉思什么。他对我说：“先生，龙在太原吃了那么多月亮，应该心满意足了。它应该离开月亮去吃其他东西吧？您觉得呢？”

“但愿那条龙不会消化不良。”我回答说。

第七章

尧舜之地

西方世界倾向于把中国人视为孤僻而独特的民族，是诡计多端、沉着冷静的异教徒。一些颇为知名的人称他们“更像癞蛤蟆而非人类”，但只要这些人在自己的国家对他们口中的“癞蛤蟆”略作了解，就会发现事实并非如此。

的确，中国人的性格特点是难以形容的。可以肯定的是，所有中国人都蓄辫子，有同样的语法，信仰儒家的理论。但是因为种族、方言、风俗、思维的差异，相邻省份居民之间的差别也会像英吉利人和苏格兰人一样大。直隶人鞑靼的印记很浓，比起其他地方的人，身材更纤细，皮肤也更白皙。而中国西南部，尤其是四川，当地种族文化则有印度人的蛛丝马迹。他们矮小，壮实，皮肤黝黑，长得像喜马拉雅山脚下的廓尔喀人，气质不如北方人那样保守稳重。

山西中南部，黄河流域一带的人，要比四川人高一些，但又不如鞑靼人体格魁伟。他们的皮肤是实实在在的黄色，鼻小唇厚，

介休的大街

拥有中国人最原始的血统，但又不像陕西人那样纯正。山西人沉默内向，勤劳聪明，不像满洲人那样热衷于征伐，也没有四川人乐天的精神。他们一心为家，几乎不去其他地方旅游，耕耘稼穑，广种薄收，即是最大的满足。由于亲近自然，山西人较其他省份的人更加崇拜山神与树神。他们的衣着也与众不同，男子左衽，女子缠足，但常穿与查尔斯二世时代骑士相似的尖头长筒靴。山西的方言贴近直隶，与陕西话、河南话完全不同。

离开太原的时候，我获得了一份新护照和一队新的卫兵。从太原到西安，路程450英里，17天的行程里，我总共遇见四位身着当地服装的白人传教士。愈近山西，与西方世界相关的痕迹便愈少。离开太原之后，这种痕迹就完全消失了。我接下来的履足之地，不再是新时代的中国，而是古老中华民族的摇篮。我清晨离开的城市大概有4万人口，中午吃饭停驻的城市只有2万人口，晚上住宿的城市则是5万人口的大城市。中国数千年的风俗传统就蕴藏在这些古老的城市里，等待着旅行者发现的目光。

旅程进入第三阶段，所遇道路旅馆比以前要好一些，大道没什么变化，建筑的风格是汉代的，但状况不好，亟须修缮。道路上的一些坑洼最近刚刚用石头或树枝填平，我在山西境内行经的道路都可供大车通行。在第一个停驻的地方，办差的告诉我，路况之所以改善，是为了方便慈禧太后和光绪帝通行及运输货物。基于同样的原因，旅馆也打扫得干干净净，家具全部换了新的，很多旅馆甚至用红黄色纸裱糊一新。

从太原出发，行程四日，即达介休，这是我在中国见过的最奇怪的城市。中国乡村的房子都是一层，用泥巴或是砖砌成，而介休的房子都是石头的，多是两层。建筑风格上不同于传统中式，倒很像15世纪的德国小镇建筑。房子二层前面是条长廊，连着一条石头楼梯，楼梯从院子一直通到外面。屋顶苫盖着瓦片，屋脊则用龙或鸟形状的建筑构件装饰。

一条南北大街穿介休城而过，这是一条名副其实的大道，其余街道不过是宽约10英尺的小巷子。这些小巷子从城中心向四面延伸，有的长达数英里，使整个城市看起来像一座迷宫。介休城显然经过精心设计，多数房子没有可供远眺的窗户。行走在街上的人，除了墙壁，什么也看不到。

我在一名卫兵的陪同下开始了一趟探险之旅。我们出旅馆，沿着一条街不停歇地走了半个小时，忽然发现又回到了起点。向导说我们是从另一条路绕回来的。也许事实如此，但据此前的经历判断，我感觉我们只是走了一条弯曲的街道。这里的房子似乎就是为了迷惑人而建造的，一堵空落落的墙开一扇小门，进去是院子，也空无一物。除了入口，我没发现其他出口，至少我感觉如此。但向导很快就带我从一个角落里的通道穿到了另一个院子，那就是我们寻觅已久的房子。

中国内陆的城镇没有路灯，晚上街道一片漆黑，介休也是这样。我很好奇，介休居民是如何在黄昏时分准确找到回家之路的。虽然我觉得介休像座迷宫，但整个城市都是严格按照规划精确布局的，两堵墙之间的街巷不会是死胡同，总是通向某个地方。向导告诉我，一旦掌握了街道布局的规律，在介休城行走就像走在满是路标的曼哈顿街头一样简单。为什么要建造迷宫一样的城市？解开迷宫的密钥又在哪里？为什么介休城的建筑与山西其他地方迥然不同？这确实是中国一道难解的谜题。

介休以南约100英里的地方，是山西山地的支脉，山势非常陡峭，唯一一条可供通行的道路穿越灵石关。这道关隘长不过10英里，却花费了我们整整四个小时的时间。因为我们的前面是三辆满载货物的骡车，为了翻过这个陡坡，他们每过15分钟就要让骡子休息一会儿。道路狭窄，我们无法越过他们，只能跟在他们屁股后面缓缓行进。我从未走过如此糟糕的路。但随行的警官告诉我，这里的路况比以前要好太多了。我感觉很诧异，他解释说，为了让慈禧太后和光绪帝顺利通过此处去西安，5000名士兵花了两周的时间来修缮道路，所以灵石关眼下的路是可供皇帝通行的最佳状态。我想，走在这样颠簸的道路上，慈禧太后和光绪帝一定会感觉极度不适，就像光绪帝在北京戴着沉重的皇冠一样。

但艰险难行的灵石关确实是拱卫西安的三大屏障之一。如果防守得当，敌人很难从这里接近西安。这也许是西安成为避难之都的原因之一。从沿海地区到西安，有三条路可选。第一条是穿河南，过潼关；第二条是经汉口或者更南的地方，绕到陕南的山野之地，那里的道路错综复杂，有的小道都没有名字，大部分不能通车以运辎重；最后一条就是经山西，过灵石关。在中国的铁路网建成以前，无论敌人如何强大，只要守住这三处，任何一位避难于西安的皇帝都不必担心受到威胁。

在太原通往陕西边界的半道上，耸立着中国黄金时代的都

一盘山西石磨

城——平阳。像其他拥有古老文明的国家一样。中国人喜欢回忆过去和平强盛的黄金时代，以对比当前时代的天灾人祸。中国的黄金时代接近文明史的起点，大约在公元前2356年至前2202年，亚伯拉罕出生前200年，那是尧舜的时代。后来尧舜被儒家美化成了华夏族的两大英雄，他们的善良与仁慈甚至改变了自然环境。尧舜时代，和风细雨，民风淳朴，道不拾遗，夜不闭户。传说中，尧帝身高超过10英尺，他在位102年，然后由他的女婿舜继位，"空中降下金雨"。没有义和团、联军、传教士和鸦片，那是中国幸福安定的美好时代。4000年后，中国人仍缅怀那段古老的时光。尧舜都建都平阳。传说，舜帝一生的最后一件壮举是祭拜五岳。回到平阳后，他在自己亲自建造的庙宇里，向祖先奉献牺牲。

据当地人讲，这座庙宇在平阳城南约3英里处，如今的尧舜庙已经是大清帝国最著名的祭祀地之一了。遵光绪帝近谕，尧舜庙进行了扩建，许多地方等同重建。光绪帝去西安经此，进行了祭拜。尧舜庙占地约10英亩，周围高墙围绕，树立了多位皇帝授命镌刻的石碑。尧舜庙明显缺一座主殿，那儿通常是供奉神像的地方。大殿是一座单层建筑，高约60英尺，位于庙宇中央。前庭竖立着尧舜像，高及屋顶。神像被漆成红黄蓝三色，面无表情，这是大家公认的样子。尧舜明显不开心，头向前伸着，对仰望他们的后世崇拜者怒目而视。大殿中央的桌子上，放置的是纪念尧舜二帝的碑刻，不奉神像。尧舜时代，佛教尚未进入中国，中国人崇拜的图腾是祖先和天帝。数千年后的今天，只有北京的皇帝可以向天地祭祀，这座尧舜庙只是用来拜祭尧帝和舜帝，他们还没有被"手工塑像”亵渎。

久经沧桑的平阳城在过去的日子里十分重要，以中国普通城镇的标准衡量，平阳的黑色城墙显得极其巨大。城内的广大区域，只有部分为日益减少的人口所占据。平阳城门附近的城墙布局奇特，显示出古代要塞防御的学问。这些学问即使放到当代，也可以赢得美国或欧洲工程师的赞叹。圆形的瓮城像美国的扇形蒸汽机车库，从中穿过，就踏上了被高墙完全封闭的石砌街道。沿着这条长达半英里的弯曲街巷穿过另一个瓮城，就进入了城内。对没有配备重型火炮或者炸药者来说，这样的防御布局可以说是固若金汤。即使一支军队成功攻破外城门，在穿越瓮城中的街巷时，也会被周围城墙上抛射的箭矢、滚石、檑木等歼灭。

骑马穿过平阳的街巷时，我碰巧遇见了一位官员及其卫队。他的轿子比一般的大，轿夫的数量也是通常的两倍。轿夫们行走缓慢，负担沉重，不时用衣袖擦去脸上的汗水。当轿子接近时，几乎每一个人都跪倒在路边，直到轿子过去才起身。我很好奇，想知道如此尊贵的官员到底是谁，便停在一处墙壁的阴影里，向轿子中望去。轿子里坐着的不是官员，而是一尊巨大的神像。神像穿着官服，戴着丝绒帽子，脸上流露出嘲讽的表情，仿佛因成功欺骗了众人而高兴，又像在嘲笑那些跪拜的善男信女。在山西或陕西这样的内地城镇，类似的巡行队伍十分常见。当地官员的一项重要职责就是确保辖区内所有神像都被伺候得舒舒服服。人们期望神像一直在庙宇里待着，但是对于神像来说，日复一日待在发霉难闻单调乏味的庙宇中，厌烦感会不断增加，以至于不再灵验

前往平阳市场的人们

地给人们预测好运、驱除灾祸。所以，为了让神像保持良好的状态，让它能够为大家带来好运，人们偶尔会把它抬出来通风晾晒，四处巡行。

我在中国遇到的所有迷信或者宗教活动中，都至少有一丝灵光来自天神对于万物之理的昭示。就像龙吞食月亮一样，象征光明与黑暗、善与恶之间永恒的斗争。对于庙宇中木头或泥塑神像的崇拜，可以解释为崇拜者对神像所代表的看不见的神灵的祈求。这已经不能再称为神像崇拜，甚至不像天主教在处女神殿的崇拜。在平阳大街的巡行中，既没有劝谕，也没有灵魂，只不过是对一座漆过的泥胎的麻木崇拜。这对于孕育出孔子、老子等伟大人物的中华民族而言，不得不说是令人遗憾的，甚至悲哀的。看到神像巡行之后，我不再奇怪为何尧舜的塑像在庙宇前厅里看上去疲惫不堪、闷闷不乐了。

第八章 ———

成吉思汗兵败之地

在平阳，我们进入了黄河一条较大支流的流域——汾河流域。我们沿着河岸而行，河水在山中蜿蜒。我们时而经过富饶的河谷地带，时而徘徊在陡峭的山崖边缘。在一片台地上，许多佛塔耸立着，大多数都高达12层以上，更有高达16或18层的。佛塔大都呈八角形，其中一些的基座占地就有2英亩。佛塔的面积逐层减小，远远望去宛如巨大的方尖石塔。尽管佛塔通常都位于庙宇的一侧，有僧侣负责日常管理，但并不都是敬拜之地。大多数佛塔只有纪念意义，用以缅怀某位先贤，或者道德高尚的人。

我们现在所处之地是当年成吉思汗统一华夏的战场之一。成吉思汗在征服西亚穆罕默德王国的同时，派遣大将莫哈里进袭山西北部。1218—1222年四年间，蒙古人在这里烧杀抢掠，直至将汾河流域变成不毛之地。后来成吉思汗御驾亲征，攻向河南，于1227年死在六盘山。其子窝阔台继续征战，1231年从山西打通了通往北宋都城开封的道路。当时的北宋国土是成吉思汗兵戈指向的首当其冲之地，也是他最渴望征服的地方。但是，由于山陕民众的英勇无畏和足智多谋，这里成了伟大的蒙古民族从未彻底征服的唯一地区。

山西和陕西这两个古老的省份由于地理位置原因，正面承受了战争的大规模冲击。两省民众为了保卫家园，牺牲于战场者成千上万。尽管土地被损毁，城市被焚烧，他们依然以顽强坚韧、永不放弃的信念坚持战斗。虽然他们最终未能击败侵略者，但却以袭扰的方式成功拖住了蒙古军的主力，以至于蒙古军踏平这里后，再没有力气征服黄河以南的区域。亚洲和欧洲有40多个国家被成吉思汗率领的蒙古大军践踏蹂躏，但山西和陕西却从未投降。两省人民坚持斗争，直到成吉思汗死去近60年，其孙忽必烈才统一了蒙古和中原。在蒙古人入主中原的岁月里，汉人的文学艺术和知识理论对蒙古人产生了潜移默化的影响。忽必烈当政期间，甚至较之前汉人皇帝更甚，他大力提倡伏羲的制度和儒家理论，保护汉人的文学艺术免受外国影响。作为开国皇帝，他给自己的王朝取汉名为“元”，沿用汉人的服饰、语言及宗教习惯。这些措施影响深远，意味着北方的游牧民族吸收了中原人的文明，蒙古人获得了真正意义上的胜利。

和当初那些使成吉思汗束手无策的山西军人相比，如今该省的士兵实在让人痛心。有一支军队的总部建在平阳，统辖的将军为我更换了一匹驿马。将军在介绍给我六名护卫兵时非常客气地保证，他们是帐下最优秀的士兵。卫兵非常友好，对外国人抱有好感，但都沉迷鸦片，以至于清晨必须将他们从砖炕上拉起来。

在旅程中，卫兵们经常骑在马上就睡着了，我不禁觉得他们随时会从马背上掉下来。六名卫兵中有四名身背大刀，另外两名背着老式的毛瑟枪，但是他们没有一个人佩有子弹带。一天早晨，我们骑马穿过一片田野，看到有只大雕静静地栖息在100码外的一块石头上。这是多么好的一次狩猎机会！一名士兵下马，打开火枪的枪膛，然后走到另外一名士兵身边，两人开始愉快地轻声交谈。随即，第二名士兵也翻身下马，解下铺盖卷铺在地上，一阵摸索，从一个帆布袋中拿出一个弹夹，递给第一个士兵。整个过程耗时整整5分钟。等到第一个士兵装上子弹准备射击时，那只幸运的大雕已经是蓝天上的一个小黑点了。然而弹夹的主人并没有一丝不耐烦和懊丧，他勤快地再次扎好铺盖，重新把它绑在马背上。

在穿越山西的旅程中，我遇见过好几队士兵。他们都是从北方义和团叛乱地区的战争中撤出来的，正在返回驻防地和家乡。这些士兵看上去凄凄惨惨，装备还不如我六名护卫的先进。一些士兵配备着不同型号的火枪，子弹几乎没有，仅有的一些也不能通用。事实上，在中国，子弹似乎没有被视为武器的必需品。西洋火器在当今中国内地是如此的新奇，以至于很多人认为没有子弹也可以进行各种战斗。这些行进中的士兵看上去异常滑稽，他们的制服比世界上其他任何军队都独特。红色、黄色、紫色的外衣，前面都镶着白边，背后是佛教标志和军队的番号，帽子和松松垮垮的裤子则是黑色的。在行军中，他们队形涣散，有时单列，有时又成两列或者三列。军官经常将下属和辎重抛在后面一两英里远。有一次我在汾河岸边碰到一位指挥官，他骑在马上，将士兵远远抛在后面。他是个高大英俊的年轻人，看上去非常威武。很快，他就和我交谈起来。他说，尽管我们都走过很远的路程，但都不如他去的地方多。“我到过‘世界各地’，”他自豪地说，“我去过北方的蒙古，西方的西藏，还在香港和上海眺望过大海。这些地方绝对接近世界的边缘，人不可能沿着上述方向走得更远。”

这些天真纯朴的士兵也有很多优点。他们强壮、坚强，能忍耐持久的疲劳，每天仅靠几碗米饭就能生存，也从不怨天尤人。像其他中国人一样，士兵们总是沉着冷静，绝不会在危险时争抢逃跑。可以肯定的是，这些士兵也是凡人，害怕所谓的鬼怪和祖灵，但是这些只会激励他们忠于职守，以避免鬼怪和祖先的惩罚。就我所见到的山西士兵，我坚信如果能劝导他们戒除鸦片，给他们配备精良装备，对其进行专业训练，他们肯定可以成为如他们先辈那样的英雄人物，可以抵抗成吉思汗般的敌人。显然，中国人对于军队弊端的认识远远高于对其他制度缺陷的认识。在中国内地，军事方面的改革也是唯一能让我真正感兴趣的。

自从中国在与日本的战争中失败，军队体制的改革一直在进行着。尽管短时期内中国军事力量不可能完全重组，但是其变革却是根本性的。18省的八旗子弟兵数百年来都是由官府供养的后备军，现在则要接受火枪训练，精通后才能得到军饷。在一系列圣旨颁发后，过去两年间每个省会城市都建立了一所军事学院。招募的学生由巡抚指定，他们学习西方火器、欧洲战术，毕业后则成为军官。一切都以创建大学的理论来实施。由于远离东部沿海，内地省会很难聘请到受过西洋教育的教师，所以这个计划暂未实施。中国传统体制下，内地省份的士兵由地方官员统领，官员负责军事训练和教授战术武器知识。然而，中国的地方官员通常由文官担任，仅承担民事责任，他们对军事几乎一窍不通。因此，他们统率下的士兵放任自流，军纪松弛。现在改革后，通过任命军士长官负责统领地方军队，就将民政和军政完全分开。军事长官全权处理地方军队事务，其他与民事官员级别相同，二者各司其职。

山西有很多独特的做法，例如巡夜人制度。在这里，巡夜人不是为了守护安定，吓跑盗贼，以便人们可以安然入睡。恰恰相反，巡夜人的职责是防止人们睡得太沉，以保证如果有敌人突然入侵，人们就能迅速起来战斗。所以，巡夜人要携带一段空心竹筒，每半个小时在窗户下用短棒敲打一下。文字或许不能表达这一举动对我的影响之大，但是当旅行者经过一天的艰苦跋涉后，再从熟睡状态下被惊醒，就会认识到它的恐怖之处了。特别是那些忠于职守的巡夜人，他们甚至会持续不断地敲打竹筒，直到屋子里的人发出一些响动，证明自己确实被叫醒了才会罢手。幸亏我住过的公馆只有少部分有巡夜人，否则对我来说，在整个山西境内都不可能睡觉了。

我在太原买了一匹小马，后来证明它是我骑过的马中最好的一匹。但是，当我们马不停蹄地赶路八天，抵达平阳以南50英里的侯马时，小马已经筋疲力尽，无法动弹了。如果想要骑这匹马继续旅行，至少需要三四天的休整时间，但是我们确没有这么多时间。如此优良的马不能再供骑乘，是多么遗憾的事情。当我们到达公馆后，卫兵去禀告本地军官，而那匹马躺倒在马槽前睡了

昔日河流流经之地

过去。不多久，军事长官来访，我很惊诧，因为我和他没有什么关联，而且民事长官也已经拜访过我了。他在向我磕头后，询问我是否需要帮助。

我回答说承蒙其热情，想请他帮个忙。“文照上规定我可以使用四匹官马，到现在我只用了一匹，但是它已经筋疲力尽，我不得不恳请再拨另一匹。”我刚说完，他的眼睛就亮了，当即表示想换他的坐骑给我。“你的马多少钱？”我问道。他执意不卖，并立即表现得很热情，以头叩地，双手放在腹部，恳请我当作礼物收下。当他再三表示绝对不收钱后，我只得同意，向他表示诚挚的谢意，并把最后几根雪茄送给了他。他说会一直保存下去，以示对我的思念之情。这点我倒是毫不怀疑，因为我肯定他以前从没见过雪茄。当这位军官准备离开的时候，他问我是否打算把那匹累倒的马留在这里。当我给以肯定的答复后，他马上说：“那我现在就更换马鞍。”随即，他留下了他的马，然后牵着我那匹疲惫的马很快就消失了。

令我奇怪的是，王翻译并不认同我对那位军官的感激之情，在整个交易过程中，他看上去一直很着急。他对我说：“这件事很可笑，他对你的礼貌来得太快了，先生。”次日出发的时候我检查新马匹，终于明白为什么那位军官如此慷慨。那匹马的膝盖都受了伤，而且全身关节突出，像衣帽钩一样，瘦得几乎可以数清肋骨。昨晚那位军官从卫兵那儿了解了我的情况后，在夜间想出了这个偷梁换柱的主意，得到了我那几乎是山西最好的马匹，而给我留下了一堆能跑的骨头。我只好骑上新换的马，抱着能与这位军官再相见的希望，继续起程。经过一天用力踢打和鞭打，我终于抵达了下一个停驻地闻喜。大约15分钟后，卫队长找来，通过王翻译对我说："有个坏消息，窝在心里，我必须告诉您。"

我说但讲无妨，我有勇气听。

"我觉得您的马生病了，很严重，很快就要死掉。"

"我认为你说得对。"我对他说，然后一起去院子察看那匹马。它的头下垂，前腿半弯，似乎难以站立，但又不愿意躺下。

好一阵子，我们默默地看着它，然后王翻译说："或许可以让办差的来卖掉它。虽然它不能再跑，但是皮毛还完好无损，穷人也可以吃肉。"

我立即同意，让办差的去试试看能否卖掉。他做成了这笔买卖，扣除他的赏钱后，我得到了四两银子(2.8美元)。王翻译仔细称量了银子后，认真地评论这件事情，"那位军官只是没有什么见识而已，先生。"

"没错。"我认同他的话。"他很不成熟，但是又很聪明，他会慢慢地成长为一位将军的。"

在余下的路程中，我骑着另外一匹通过文照获得的驿马。沿途官员很积极地为我提供马匹，以至于除了支付马夫的赏钱，我从未在马匹身上花过一分钱。所以，不管马匹如何，我都没有资格抱怨，并且真心希望那位军官有一天可以成长为统率千军万马的将军。在他凯旋的时候，他将骑着我那匹优秀的马检阅军队。那是一匹脖颈厚实，有着笔直的鬃毛和尾巴的红色小马。磕其左肋，它就听话地单腿直立。如果将来能够得到这样的消息，我将会感到极大的满足。

在闻喜，我们离开了肥沃的河谷，穿过一片干燥起伏的平原。沉重的白色灰尘和龟裂的田野证明，我们逐渐接近饥荒地区。沿途的玉米和小麦只有正常高度的四分之一，甚至连罂粟都枯萎无力，看上去病恹恹的。在我们途经的许多村庄都可以看到黄色的彩旗，上面写着祈雨的文字，悬挂在道路上。因陕西干旱引起的饥荒在山西南部也持续了很久，但是陕西人只能忍饥挨饿，而山西人却能从汾河流域的肥沃田野里收获一些粮食。

在离开闻喜的第四个下午，我们走在一条陡峭得看不清四野的路上，道路突然向右急拐，面前是一段陡峭的下坡。几分钟后，我们站在了黄河的滩涂上。一英里宽的黄河夹杂着大量泥浆，缓慢地流着。远处堤岸外的青色山峰沿着河边延伸而去，山顶上耸立着潼关城墙。成吉思汗也未能攻破的潼关，多少世纪以来掌控着通往西安的道路。现在，古老、灰暗而又固若金汤的它依然耸立在那里，俯瞰着中国最古老的母亲河。卫队长指着关隘对我说："那里，就是陕西。"

第九章

潼关与黄河

成吉思汗是第一个征服中原的外族人。在这场战争中，成吉思汗派三高巴图将军率领1万大军，意图攻占作为帝国都城的河南开封。双方在山西进行了激烈战斗，成吉思汗的大军攻到了黄河边上。尽管剽悍的蒙古人是当时世界的征服者，但当他们在黄河的北岸看到潼关，看到一片荒地里高耸的城池时，便意识到攻破这座城市是不可能的，攻取一座高地上的城市是不现实的。因此，他们不得不放弃直接攻取开封的计划，三高巴图将军率军长途绕行，穿过陕西南部山区，兜了个大圈子，终于抵达开封城下。但艰险的行军路令部队疲惫至极，三高巴图很快兵败，退回黄河边上。（编者注：此处史实叙述有误。）

今天，如果你亲眼看到潼关，肯定不会奇怪为什么成吉思汗的部队会放弃攻占它。潼关虽然属于陕西，但它靠近河南和山西的边界，是三省交界之地。想要进入潼关，只有一条路可走，必须沿着黄河边上的山坡盘旋而下。道路一侧由石砌城墙守卫，另一

渡过黄河到潼关

侧用石头要塞防御。潼关的商贸区位于要塞之下，在山地陕西这一侧。

一条巨大的平底船载着我们渡过黄河，船尾桅杆上悬挂着的破旧船帆收拢在一起，显然很少使用，主要靠撑篙和船桨提供前行的动力。我们立足的河岸没有码头，也没有登陆平台。当我第一眼看到这艘渡船时，我很疑惑，因为想把我们的大车和马匹拉过松软的沙滩拖上船，简直是一件不可能的事情。

船工们在船和岸上铺上厚木板，把马先牵上船，然后将木板平铺开，以备大车通行。一名船工驾着车辕，其余船工和我队伍里的人都将肩膀顶在车后，随着一阵阵吆喝，大车猛地被推上了平底船。我们的行李如此之多，以至于其他乘客的空间大为减小，有几个人甚至得在马腿之间找地方坐下。大约45分钟后，我们抵达了对岸，随即有人带领我们穿过城区前往公馆。

陕西官方接待我的人是陕西巡抚的一名“外委”。他出示了巡抚的名帖，原来“外委”的官职很低，负责巡抚或者北京官员指派的一些特别任务。这名“外委”个子很矮，脸色发亮，满含笑意，眼睛虽小却富有洞察力。作为回礼，我向他出示庆亲王的名帖。他的态度一下子变得谨慎，小心翼翼地接过，将名帖轻轻放在桌上，默默端详了好久，好像生怕弄坏了这么珍贵的东西。几分钟后，他说了几句简短的话，意思是对我怀有极大的敬意，并把手放在胸口对着孔圣人发誓，会亲自护送我前往西安，并不惜牺牲来保护我。面对突如其来的热情，我还担心这会不会是另一次马匹交易的前奏，但是这类事情再也没有发生。在这位“外委”打理事务的四天里，不难看出他是个友好、善良的人，唯一的目的似乎就是让我感到快乐。这是我这个野蛮人在陕西感受到的最大快乐。

曾经有一名定居在北京的外国人告诉我，中国人的思维特别固化保守，就好像两轮车。这个说法在其他地方或许成立，在潼关却说不通。在潼关，四轮大车是一种非常流行的时尚交通工具。这种偏爱最早是从河南传入潼关的，两轮车在河南很少见。潼关的四轮大车和我认知的四轮车有非常大的差异，这种大车没有车轴，轮子在从车厢四角悬挂下来的铁架间转动。潼关的四轮车让我明白笼统地描述中国很容易犯错。中国各地区的风俗习惯有很大差异，即使相邻的地区，也不能一概而论。

潼关临近黄河和渭河的交汇处。渭河发源于甘肃，距离藏区不远。从潼关到西安的道路在平原上延伸，这片平原位于渭河和南边的山脉之间。长度超过50英里的道路两侧种满了柳树，相传这些柳树林与1868—1873年的回民起义紧密相关。

黄河流域的人们与我们所谓的"现实世界"相距太远，以至于在过去的50年里，中国的历史学家都很少提到这场战争。它摧毁了三个省，死了成千上万的人，之后陕西变得孤独而荒凉。由于靠近西部的伊斯兰教地区，在陕西，先知的追随者要比其他省份多得多。尽管他们的语言和服饰都和当地人一样，但是对宗教的狂热使得他们总能与平常人区别开来。趁着太平天国起义后帝国处于混乱状态，陕西和甘肃的伊斯兰教徒揭竿而起，反抗清朝政府。显而易见，他们是要拥立一位伊斯兰教教徒登上皇位。在渭河南边，穆斯林没什么作为，但是在渭河以北，他们连续攻陷了大量城池，无数人家破人亡。这样的举动给陕西造成了无比巨大的灾难，以至于在回民起义被镇压后，陕西已经没有足够的男子来耕田种地。官府只能从其他省份往陕西移民，在战后的荒凉土地上安家落户。

回民起义造成的一个特殊影响是让帝国出现了大量名义上的信仰转变，同时也成为民众信仰基督教的契机。“你信仰安拉还是神佛？”叛乱者问每一个囚犯这个问题。如果回答信奉神佛，马上就被处死。但是如果他们声称信奉安拉，通常只是意味着死亡的命运暂时延缓，因为随后帝国军队就会处决任何背叛佛道的人。无论哪种回答都是不可改变命运的，如此一来，可怜的人则都会表明自己信仰基督教。穆斯林对此没有异议，而官府也不会迫害基督徒。历经八年的腥风血雨，清军的统帅左宗棠终于平息了回民起义。

在战争中，由于清政府国库空虚，军队经常因为得不到粮饷而大受牵制。曾经有一整年，左将军让士兵务农，靠种地收获的粮食来维持战斗。还有一次，士兵因为拖欠粮饷而罢工，左将军命令士兵大量栽种柳树，以辛苦劳作化解他们的委屈。这些柳树就种在从潼关到西安这条尘土飞扬的道路上。

在潼关以西50英里处，就是中国的五岳之一——西岳华山。其余四岳分别是东岳泰山（位于山东）、南岳衡山（位于湖南）、北岳恒山（位于山西）和中岳嵩山（位于河南）。崇拜山岳是中国古代宗教模式之一。华夏民族的宗教与希伯来人的宗教有相似之处，中国历史上隐晦的神话让这段时期显得扑朔迷离。那时候，中国人崇拜天庭的至高统治者天帝。天帝是看不到的神，没有神像，也不会在山川河流树木中显灵。自从五岳被当作神山，中国的皇帝每年都会在五岳之一的顶峰祭祀天帝。为什么从中国所有山脉中只选出这五座，是一个很难回答的问题。五岳中有三座山距离西安很近。千百年来，祭祀天帝都是皇帝的特权。尽管崇拜天帝的古老仪式不止一次复苏，但在理论上，只有皇帝才能向天帝祭祀告白。例如，公元625年，极度厌恶佛教的唐高宗，就曾下旨允许百姓建立祭坛来祭祀天庭的统治者。

至今，中国的皇帝依然一年一度敬拜天帝，但却不再是在高山之巅。当今的清朝皇帝使用北京城南的“天坛”来祭祀天帝。天坛作为山岳的替代之地，已经成为皇帝御用的祭拜之所。普通百姓不能入内，便转向曾经的祭拜之地——五岳。每年来自帝国各地成千上万的朝圣者登访五岳。为了支付旅行费用，不同的省份都组成合作协会，相邻村子的百姓也组成朝圣队伍，旅途开销由大家平摊。一些大城市甚至还修建有五岳庙，崇拜山岳超越了三种主流教派系统。几乎同等数量的佛、道、儒教徒辛苦跋涉在朝圣队伍行经的山路上，遇见庙宇便奉献串串铜钱，这在本质上与分散在中国各地的祭祀场所毫无区别。虽然这里只有神像和碑刻，但是五岳上的庙宇都临近白云缭绕的山崖峭壁。关于促使中国人长途跋涉去山巅朝拜的动机，从他们那里很难得到满意的解释。中国人唯一承认的就是“山是个好东西”，这个答案其实与真相相差不远。除了在中国，几乎从没听说过世界其他地方有类似的圣山。而在有关这片土地和百姓的记载中，提到圣山，还没有

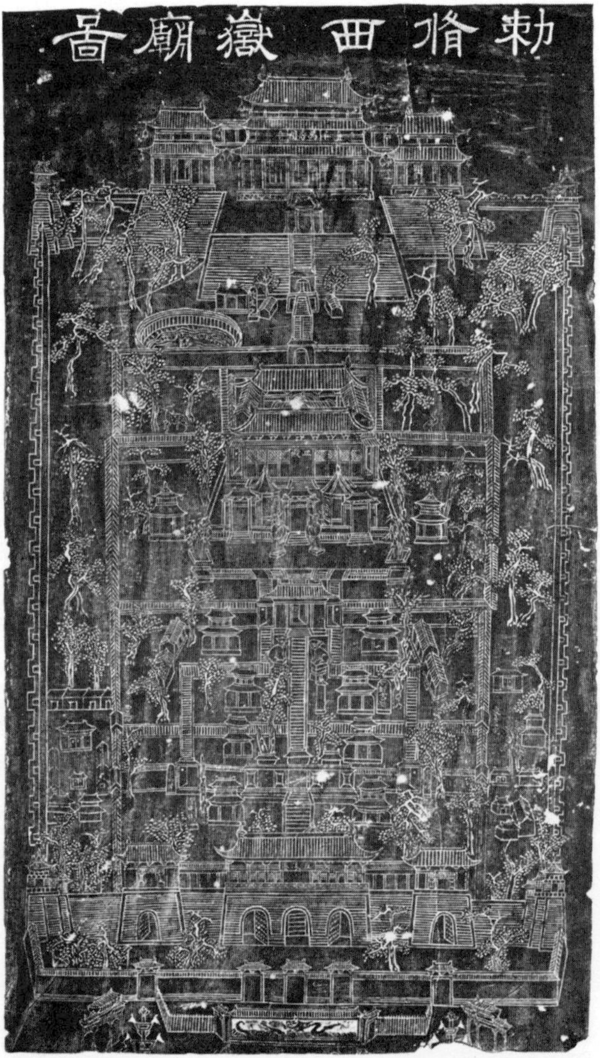

华阴庙的院落格局

提到“神像崇拜者”和“义和团”那样频繁。圣山之巅是红尘俗世和天庭之间的媒介。俗世里有神像，也有痛苦悲伤，但是中国人在追求精神方面，总是向上探索的。

现在华阴境内的一系列庙宇，据说是250年以前康熙皇帝建造的。这里儒教和佛教莫名其妙地混杂在一起，庙院前部陈列着静默的石头巨兽，置放在一排笨重的、互相隔开的砖笼里。这些石兽制作精良，均为真实动物那般大小，其中有大象、老虎、猴子。雕刻者肯定是从陕西以外很远的地方了解到这些石兽原型的，因为陕西是没有这些动物的。石兽代表了佛教的轮回思想，人们将之视为神兽来崇拜，猜测它们能够以神秘的方式赋予生命。为了防止石兽复活逃跑，砖笼前面还设置了木栅栏。担任导游的庙宇住持说，每个崇拜者都会选择一只石兽，向它祈祷。如果在一定时间内未能实现愿望，祭拜者则会选择另一尊石兽进行祭拜，希望它不会像前一只那样铁石心肠。

最令我奇怪的是这些石兽位于孔庙院之前，孔庙院里唯一神圣的东西是一通纪念圣人的碑刻。朝圣者先在石兽前跪地磕头，然后再前往世上已知的最伟大的无神论者的殿宇。一条石砌的甬道通往庙宇后方，那里有一座高达四层的佛教寺庙，供满了神像。就像中国许多大型建筑一样，这里的建造工艺也显示出美国建造20层高楼的相同原理。庙宇的屋顶和地板搭建在与柱子相接的十字梁上，柱子的底端深埋在地面下的墩座上，而墙壁则同纽约的建筑一样是后来补筑的。这样一座庙宇的骨架实际上在建造墙壁之前就已经完成了。

一座放养鱼类的放生池位于两座庙宇之间。实际上，放生制度对西方社会也有着广泛的影响。人们认为，任何动物都可能是某个人生前灵魂的寄居场所，所以僧侣会照顾残疾患病的动物，一些较大的庙宇还会为生病的猫、狗专门制作特殊的食物。放生任何动物都被认为是一种至高无上的美德。为了获得好运，中国人有时候会花钱购买活鱼，然后请和尚投进庙宇附近的放生池放生。对于华阴庙而言，出售院中散布的碑刻拓片是收入的主要来源之一。朝圣者购买拓片后，会将其挂在屋内以镇宅辟邪。

我们离开华阴的时候，下着瓢泼大雨。这是旅程中我们第一次遇雨。在接下来的24小时里，我有机会目睹陕西的天空中，天国水闸完全打开的情景，这可是罕有的机会。

在暴雨中行进半个小时，我们浑身湿透、筋疲力尽。之前尘土飞扬的道路顿时变成泥泞的沼泽，大车在深及车毂的泥浆中挣扎，马匹低着头，蹄子打滑，艰难跋涉。士兵们浑身湿透，辫子散乱，帽子软软地耷拉着。雨水顺着他们的衣背淌下，衣服上的红色和紫色混在一起，看上去像丝绸做的。当天行程的目的地本来是华县县城，但是这场暴雨使得我们不可能在天黑前到达。我们不得不在距华县县城10英里的敷水村停下，在村子里肮脏的小客栈中度过一晚。我房间中一扇窗户的窗纸上满是小孔，雨水随疾风而入。我叫来老板，他承诺会修理好。很快，一个脏兮兮的伙计就端着一盆糨糊从院子中进来。他在窗纸的洞上粘贴形状各异、大小不等的小纸片，使这扇窗户的窗纸看上去就像新英格兰的碎布被单。当我问他为什么不换上一张全新的窗纸时，他回答说："我

华阴的佛寺

的工作是按天计算报酬的,但窗纸却值不少钱。”在解释这句话时,王翻译用马鞭戳破窗纸,把它整个扯了下来。面对这种粗鲁的举动,伙计嘟嘟囔囔地慢慢走开,而王翻译则说:“陕西人与北京人就是不一样。”

第十章

陕西人——古老的民族

中华民族的起源在哪里，最权威的学者都不能给出确切的答案。然而，不论学者们如何各持己见，黄河是目前能够证实的，较早的民族繁衍地。在黄河与渭河的交汇处，至今还流传着有关伏羲的传说。伏羲是华夏文明的开创者，据说是他创建了法律和政权。黄河里的神龙将刻着“八卦”的卷轴交给伏羲，汉字和中国的哲学体系就此诞生。伏羲的出生地就在距离西安10英里的地方，传说他是中国第一个统治者，他开始统治中国的时间是公元前2852年，即诺亚去世前47年。伏羲臣民的直系后裔生活在今天的渭河以南一带。内战和外族入侵改变了这些人的古老血缘，大部分血缘传承中断了，但他们还是在渭水、汉水一带延续了下来。具有远古血统的陕南人与一般中国人不同，他们的黄皮肤略带红色，不是灰黄色，相貌端庄，颧骨略高，看上去像北美印第安人。

相较于其他地方的人，陕西人更为冷静乐观、为人老实、热衷于学问。陕西人有正义感，这是我在中国其他地方从没发现过的。

陕西人对自己的文化非常自豪。谈起历史，陕西人对伏羲时代和1500年前的中国知之甚详，好像那些事就发生在昨天。陕西的古老使陕西人称自己为汉人，偶尔以中国人自称。公元前2世纪，汉代定都陕西长安，那时是华夏文明的鼎盛时代。说自己是汉人比起说自己是中国人显得文明更正统，历史更悠久。在事事遵循传统的中国，汉人比起只有1000年文化的蒙古人，当然要高出一筹。

陕西人对待在沿海从事贸易生意发家的商人非常谦逊客气，就像蒙大拿州的百万富翁在灯塔街受到礼遇一样。由于北京是都城，北京市民讲的方言比中国其他任何方言都更接近于官方用语。北京人吹嘘说，在北京，"乞丐都会说官话"。但在伏羲的土地上，北京话并不流行。除非必要，陕西的绅士们不会用北京话交流。他们认为汉人要讲纯正的汉语，陕西学者甚至说："我们根本不屑于像鞑靼人那样说话。"

进入潼关之后，迟钝如我，也可以听出方言之间的区别。在每句话中，送气音s都被一个长音ch代替。陕西省会不再是"Sian"，而是"Chian"，最后一个音节发出浓重的降调。保守传统的民族对外国人理所当然不友好。他们对外国人存在偏见甚至排斥，但却很少像其他省份那样残忍。尽管中国人认为外国人是野蛮人，是愚蠢的低等人，其言行都不符合贤明人士的教诲。但是，陕西人却不会将外国人视为洪水猛兽，不会用无耻的手段迫害他们。尽管他们讨厌外国人，他们更愿意选择无视。自伏羲时代以来，多少外族文明在陕西出现，但最终都在中华文明的汪洋中烟消云散。只要给这些现代野蛮人中国服装和足够的时间，他们最终也

陕西省的路边景象

会被中华文明同化。

就我的观察，义和团的屠杀不会在这里出现。陕西人的古老文明塑造了他们的性格，他们不会允许自己的土地沾染鲜血。义和团运动在中国如火如荼之际，端方正担任陕西巡抚。他是满族人，也是朝廷排外派领袖端亲王的亲戚。义和团运动期间，端方接到了处死陕西境内所有外国人的圣旨。义和团在北京的支持者警告他，如若抗旨，他将人头落地。但他还是听从下属的建议，集中城内所有外国传教士，赠给他们盘缠，派兵护送他们离开。他认可幕僚的观点：杀害外国传教士就是谋杀。身为大儒的他如果犯下这样的罪行，等于给整个陕西加上了无法抹去的污点。端方抗旨不遵，稍有差池就可能身首异处。但他以无与伦比的胆识挽救了传教士们的生命。端方现在任湖北巡抚，他被所有在华传教的外国人视为英雄和最高贵的满族人。端方敢于违抗朝廷的命令，少不了陕西人的支持。毕竟，当满人还是漠北一个小部落时，古老的陕西已经处在文明的巅峰时代了。

陕西村庄有自己的自治规则。一个村庄的居民不超过200人，在40户人家以内。头人是村庄里唯一拥有权力的农民，头人由官方任命，也是本村村民。通常，乡民会向官府报告他的才干和德行，只有受到众人拥戴，才能被任命为头人。我原来以为中国朝廷是绝对专制的，老百姓很少有言论自由和思想自由，但陕西的情形并非如此。村庄里没有警察，因为抓捕罪犯的机会很少。头人会把犯罪情况上报官府，官府会派出衙役专门负责。村民很少寻衅滋事，官府因此对他们放任自流。

陕西的言论跟美国一样自由。村民们可以自由谈论当今的各种话题，大到政局，小到邻里传言。茶楼在陕西，如同美国的沙龙和乡村酒吧，是聚会休息的地方。有时候，一杯茶要十文钱(略少于1美分)，高昂的价格使其成为奢侈品，好在两文钱的热水人人都喝得起，遂成为最受欢迎的饮品。人们喝着热水，自由讨论激进派和保守派的政治动向、慈禧太后的优缺点、外国野蛮人的所作所为、古代经典以及庄稼的生长情况。在陕西，只要不是公开造反，人们可以想说什么就说什么，想做什么就做什么，不必顾虑官府会干涉。这跟纽约的情形差不多。事实上，陕西人要显示自己的博学多才正是从讨论国事开始的。

陕西百姓得知外界消息的渠道主要是朝廷公布的诏书。官差每天清晨都带来新闻，再由头人传达给村民。官差对这些新闻都有自己的见解，当得知李鸿章的死讯时，官差评论道："他非常精明，从国家获得了很多利益，不过，他还是干了很多值得称道的事。"

倘若将陕西百姓和美国拿最低工资的劳动者相比，所有陕西村庄的百姓都很穷。但奇怪的是，陕西并没有美国式"赤贫"的现象。陕西农民一天如果能赚到相当于20美分的铜钱，已经算是高收入者，这样的收入可以让一个家庭过上不错的生活。村庄里的房子都用黄土建造，无一例外。家家户户都住在这样的房子里，没有对比，所以对更好的房子也没有期待。道路旁常看到乞丐，大多数是吸食鸦片者。除非有饥荒、洪水等自然灾害，否则，这样的村庄不会有"失业者"。在陕西，每家只有不到3英亩的农田，往往都是世代相传。没有人奢望拥有更多的土地，或者用土地来做交易。家家户户都辛勤耕作自己的土地，种植足够的粮食来满足家人的需要。当父亲年迈或者病弱到不能劳动时，儿子就会继续他的工作，在同一块土地上劳作，其后代也会循着先辈的足迹往复不已。

在西方学者的眼里，陕西的土地和农业制度是一种乌托邦式的存在，几乎所有家庭的吃穿用度皆可自给自足。食物由种粮所得，妇女种棉花，纺线织布，为全家提供衣物。百姓要购买的东西很少，商店只存在于较大的城镇。这样的农业体系避免了贫富差距，大家的日子过得都差不多，但同时也限制了经济的发展，农村的竞争力很微弱。所有人都不比他的邻居更加富有，每个人都有一块土地，靠大量的个人劳动来满足自己的需求，从而防止了懒惰和过度生产。

汉人必须努力工作，才能获得足够的食物，这使他们没有时间精力去改变现状。变革对他们来说是灾难，有可能让他们陷入饥饿。其他行业的发展都受到了农业生产的制约。中国资源丰富，却不能得到有效开发。例如，如果在陕南某地开设大工厂，就得腾出一些小块农田作为厂址。而这些土地所有者除了务农，没有其他任何知识和技能，他们在工厂找不到活干。一旦失去农田，他们就失去了谋生手段，整个地区的经济秩序也会被扰乱。

汉人不论男女，好像从来不洗澡，他们总是脏兮兮的。妇女偶尔将家人的衣服浸泡在溪水中，用棒槌用力捶打，达到清洁衣服的目的。中医有时会把洗澡作为处方，用于治疗病患。陕西人貌似对沐浴存有偏见，对肥皂一无所知，或许很多年后他们才会认识到洗澡和肥皂的好处。陕西男孩不管住在离河多近的地方，都不会跳进水里游泳。只有在船只搁浅的时候，船工和摆渡者才被迫在河中涉水，但也是小心翼翼，避免跌落水中。然而，陕西人却极其喜欢水做的饮料。陕西人用野生玉米酿出散装烧酒，洋泾浜英语称之为“天然威士忌”。散装烧酒不交税，随便哪里都能找见。除了烧酒，较大的城镇还出售米酒。但汉人饮酒很节制，几乎不会喝醉。在陕西生活多年的传教士告诉我，他们从未听说有汉人饮酒过量，戒酒在这里，可以为个人赢得很好的声誉。

由于长期施肥种植，陕西地下水受到污染。井水浑浊，碱化，没有可以直接饮用的优质水源。家家户户都在前院支起炭火，上面是烧水的壶，随时供应可以饮用的沸水。水要趁热喝，中医建议，不要沾凉东西。当我习惯喝热水后，我发现热水有提神的效果，就像在美国喝冰水一样。陕西路边乞讨的人都由酒鬼变成鸦片烟鬼，他们衣服破烂、脸色蜡黄，随随便便躺在屋檐下睡觉，他们都是大烟的受害者。

传宗接代、延续香火在中国儒家文化里的地位不可撼动，父母对孩子极尽爱护是中华民族的美好品德。因此，中国孩子总是无忧无虑，十分可爱，陕西儿童亦是如此。生活无望的陕西人将所有希望寄托在孩子身上，儿童从未受到艰苦劳作的影响。在随便一个村庄都可以看到父母带着四五个孩子玩耍嬉闹，其乐融融。陕西人喜欢跟孩子待在一起，把孩子当成朋友。我们经常遇见挑着担子赶集的农民，一头担着孩子，一头担着同等重量的土特产。陕西儿童很少闯祸，不大容易受到惩罚。他们自幼就将父母视为

一个挑着孩子的汉人

最好的朋友，当他们长大，孝敬父母便是至关重要的事，这是无须法律约束的。在中国的法律和信仰中，孝顺是最基本的品德。我相信，孝敬父母是建立在父母与子女互相爱护的基础上的，这是异教文明最为荣耀的事。

陕西男孩健康强壮，比起西方那些在工厂打工，赁房而居的孩子，他们的肤色更加红润，眼神明亮，活力十足。他们可以充分享受生活的乐趣，无忧无虑。他们在孩提时代即对陌生人怀有一种质朴的信任感。当西方旅行者在茶馆休息时，他们会围拢上来，充满好奇地说一些孩子话。尽管他们并未受到良好教养，但他们淳朴天真，不胆怯，也没有娇生惯养的样子。陕西儿童脖子上常挂有一把锁，一旦与你熟识，就会得意地展示给你看。人们期望用锁把灵魂锁在身体里，这样妖魔鬼怪就不能把它偷走。陕西人常用低级动物的贱称来称呼孩子，希望魔鬼不会被一个名为"猪"或"癞蛤蟆"的孩子吸引，避免孩子的灵魂被攫取。陕西的小男孩刚会走路，就会被剃成光头，只留下一小撮头发以备日后盘辫子。

女孩在八岁前可以肆意玩耍，与兄弟一起度过快乐时光，但从八岁起就要缠足。缠足又称裹小脚，是中国女性特有的风俗。缠足是为了让脚不再长大，通常需要五六年，双脚才会彻底变形。缠足完成后，女孩就被视为一个女人了，不允许离家外出。在满人影响较大的北京等大城市，隐约出现了一丝废除缠足习俗的倾向，但在陕西，这种习俗依旧很普遍。我希望有一天这种野蛮残忍的风俗会被法律废除，当有母亲如此对待自己的女儿时会受到法律制裁。但现在，如果一个陕西母亲不忍心让女儿受缠足的痛苦，她的女儿就会被视为异类，成为众人厌恶和嘲笑的对象，甚至嫁不出去。这样的母亲不仅会受到良心的谴责，还会令整个家族蒙羞。

几乎每个村庄都有学校，十二岁以下的男孩都会入学就读。村民自发筹集经费，建校舍，聘老师。在陕西，教书是一种职业。村里常会聘请通过科举考试获得“学位”的人做老师。依照中国的标准，陕西的初等教育已经普及，据说，几乎所有的人，都可以至少用一种方言读写。几乎每个十岁的小男孩都会背诵儒家经典片段和历代王朝名录。但是，人们不会把女孩送进学校。在一些大的城镇，几户人家会联合聘请家庭教师到家里给女孩授课。但在农村，妇女除了女红和家务，基本没有受过什么教育。

在陕西农村，戏楼唱戏是一年一度的大事。戏台是砖砌的，上面是几根柱子支撑的屋顶。一块绘有龙及神仙彩画的布是唱戏的背景。村里提前几个月预约流动戏班来表演，演出费用由村民捐款支付。村民看戏不用额外买门票，也没有专座，就随便站在戏台下看。演出剧目通常是历史剧，持续四五天之久。每天的演出上午10点钟开始，下午5点钟结束，中午有1个小时的午休时间。陕西戏剧对西方人的耳朵而言无异于一场灾难，我不知道还有什么声音比这更加刺耳、更加难以忍受。乐队都蹲在后台，在我看来，他们敲打鼓和铙钹是毫无规律的，这让原本就喧嚣的乐曲变得震耳欲聋。

为了让人们在喧闹中听到自己的声音，演员们必须用假嗓尖声唱出台词。我想演员们的耳朵一定很疼，但村民却非常喜欢这样的演出。中国观众没有鼓掌的习惯，想要表达赞美之情，就直接在台下叫好，演出中间，叫好声在台下的人群中不断响起。一年一度的戏剧演出是女子唯一能参与的娱乐活动，但必须谨遵礼仪。这使得村里的年轻人有机会见一下平时难得一见的少女。戏楼周围的空旷院落为年轻人谈情说爱提供了场所。中国人的婚姻要遵守父母之命，偶尔也会有你情我愿的自由婚姻，比如小伙子告诉父亲，他想娶看戏时遇到的少女，而央求父母去女孩家提亲。

陕西人在葬礼上表情奇特，他们并无悲伤情绪，这和美国人不一样。每当有老人去世，整个村子都会愉快地为死者守几天丧。亲友们会焚烧大量的金箔纸钱。金箔纸钱是阴间的货币，是死者在另一个世界的遗产。为了让死者有马可骑，亲友们还会焚烧一匹纸马，期望它化作灵魂去找寻主人。守灵时间通常为三天，第三日傍晚，送葬队伍会出发前往墓地。送葬队伍的最前面是三四名僧人，装殓死者的棺木紧随其后。全村男子都跟在灵柩后面，一路上有说有笑，好像很享受这次出游机会。队伍的最后是死者的遗孀和子女，他们坐在大车上放声痛哭，以显示对死者离去的悲伤。但认真观察妇女的表情不难看出，她们不过是装装样子，并不是真的悲痛。有时候，她们还边发出哭声边微笑着向亲友问好。

我在华县附近的村子目睹了一场葬礼，送葬队伍远比平时庞大。年轻人在长时间哭嚎之后不久，便开始与其他人愉快地交谈。罗金斯很喜欢丧服的颜色——由于送葬者不常洗衣服，白色丧服被染成暗灰色。陕西农民通常穿着蓝色或黑色的衣服，白色丧服使他们看

前往刑场的囚徒

上去犹如幽灵。太阳落山后，骑马越过平原，要是看到一位白衣寡妇行走在渐渐暗下来的天色里，还真是令人毛骨悚然。

陕西的村子里分布着中国其他地方流放过来的罪犯。中国虽有监牢，但很少判罪犯长期徒刑，取而代之的判决是将罪犯流放至遥远的边境省份一段时间。流放制度的理念源自佛家“放下屠刀，立地成佛”之说，其目的是给误入歧途者一个在新环境里改过自新的机会。这比蹲大狱依赖家人供养要体面得多，可尽量避免给家族蒙羞。中华帝国每年有数以百计的人被治以流放罪。

流放陕西的犯人主要是来自东部和南部的官员，流放判决书注明，该人犯必须留在流放省份，在官府衙差的护送下，罪犯被押解到流放地。向本地官员宣誓后，犯人可以得到假释。如果在刑期内试图逃跑，犯人会被处死。但只要不出流放地，他会享有和普通人一样的自由。他可以种田，可以做生意，两三年后，如果得到地方官员的称赞，可获准接家人来团聚。

流放罪只适用于盗窃或诈骗等罪行，犯了谋杀或者造反罪的人则难逃一死。有一天，我在客栈的院子里看到一个靠在墙上的年轻人，他的手足都被捆着，但却满脸高兴，与一群车夫兴高采烈地聊着天。通过王翻译，我加入了他们的谈话，我问他犯了什么罪，他微笑着回答：“我杀了人。”

“你现在是在流放途中吗？”

“不，县老爷要砍掉我的脑袋。你能不能给我两个钱买杯热水喝？”

第十一章

为官之道

中国至今还处于中央集权时期，立法、司法、行政权力并没有分开。整个行政体系犹如一个个人责任制的阶梯，从最卑微的村庄一直延伸到北京的那张龙椅。官员在自己的辖区内，负责一切，权力集中在一个人手上。陕西巡抚在本省内，像帝王一样高高在上，意味着官府、法律、权力以及一切。内地官僚体制皆是如此。依我的观察，无论给予个人多大的权力，他都免不了听命于比他官衔高的官员，这种级别依次升高，直到皇帝身边的重臣。

在中国的层级划分里，县官管理辖区内的所有村庄，若干县官向州官负责，州官听从厅官的命令，厅官听从府或郡官的命令，而省级巡抚则管理所有的知府。由于权力层级的设置，皇帝虽然手握生杀大权，但很少直接对低级官员下达旨意。皇帝的诏书总是先传达给巡抚，巡抚再通过府级官员向下传达，最终传达给负责执行的县官。然而，负责的官员只看结果，至于执行过程则无关紧要。对官员的要求是能否执行命令、大公无私。如果一名官员

陕西省的官员及乐师

未能收够分派的赋税，就会乌纱不保，甚至会受到更严厉的处罚。但是，如果他通过苛政压榨贫民而凑足税银，是不会有人指手画脚的。在自己的辖区内，官员是高高在上的，法律只是表明了总体趋势和执政方向。官员解决自己权限内的问题，只要他大权在握，就可以生杀予夺，为所欲为。

在中国，皇帝的命令是不可违背的，所有人的生死都不过是皇帝的一句话。即使是省一级的封疆大吏也不例外。不论何时收到朝廷赐死的白绫，官员必须遵命受死。但在他担任巡抚期间，省内数以百万计的居民，则无人敢有片刻质疑其权威。

各级官府都希望下一级官府可以解决其辖区内的所有问题。只有遭遇外敌入侵时，巡抚才会负起征发军队、抵御外敌的责任。但只要战争局限在某个省份，其他省份便很少有人对战争结果抱有兴趣。

这也是战火在中国三分之一的国土上蔓延，而其余三分之二国土上人的生活依然故我的原因。倘若战乱省份的巡抚无法平息战火，即使他没有受到来自官方的谴责，他也会背负终生的耻辱，用中国人的话说，“他很丢脸！”唯有一死，才是其悲惨命运的应有之报。

县官的职责是确保辖境内的治安，依法处置罪犯。如果他失职，很可能被免职。想做县官，通常有两种途径：一是高官推荐，获得批准后，由北京的机构下发任职文书；另一种是通过科举考试取得学位。事实上，由于官府腐败，学位可以通过贿赂得到。每个县官职位都有三四个候选人，如果官员不称职，会被毫不犹豫地免职。当然，也有个别低级官员因为非常能干，被拔擢到更高的位置。

大部分官员都渴望维持地方上的安定。陕西人对安定的理解与美国人有着本质的不同。汉人所谓的安定，是指停滞不变，发展和进步意味着改变，他们是不肯接受的。即使官员意识到现有秩序存在很多缺陷，但一旦试图改变，就会打破平衡，使自己陷入麻烦之中。例如，修缮道路有利于大车通行，但骡夫的生意会因此受到影响，他们肯定会跟车夫斗殴，因此官员不得不再新修一条路以平息矛盾。如果官员对西方文明感兴趣，就会激起民间的排外情绪，教堂会因此受到骚扰。所以，识时务的官员总会依照“存在即合理”的原则行事。任期满时，各项事务还保持着官员刚赴任时的状况，官员不允许任何事超出因循了几百年的常理。在老百姓的认知里，好官的判断标准无关清廉，而是有没有让他们过上安定的生活。只要生活安定，官员压榨百姓搜刮钱财并不是紧要的事。

“压榨”是中文表达，用英文诠释，“偷窃”更加准确。人们当官的目的不是为了荣誉，亦不是为了造福百姓，而是为了发财致富。在小城镇做十几年官，离任后就可以过上富裕的生活。在陕西各个县城里，官员总是最富有的人，他们并不试图隐瞒自己贪污公款中饱私囊的事实。朝廷俸禄微薄，有时甚至达不到官员供养家人和仆从开支的十分之一。在中国，官员贪污公款，不仅要用于公务，还要给自己挪用，这被称为“官场利润”。由于每位官员都掌握辖区内的财政、税务及审计大权，他们压榨的程度仅受限于辖区内所能提供的财富数量。官府内的所有官员都是压榨成果的分享者，如果下级官员特别诚实清廉，那么处于阶梯顶端的官员就无法获得太多的利润。当北京下令征收某一省份的税收时，该省巡抚会在赋税数额上为自己加上一大笔，然后分派到州府，默许他们如法炮制。结果，落到穷苦百姓身上的赋税比原本数量高得多。但由于很早以前官员就这么做了，在百姓看来，缴纳税金的数量并没有太多变化。因此，他们也不会有太多怨言，只是期望能过上“安定的生活”。

一位陕西人曾说过，“如果当官不压榨百姓，那就不算做官。”假如不能“压榨”，仅领朝廷俸禄，没人愿意当官。“压榨”是官僚制度正常运转的动力和润滑剂，是整个体制不可或缺的一部分。这样的“压榨”体系对百姓非常残酷，如果能从中国官僚体制中剔除“压榨”，那么这样的制度会有很多优点。在中国这样的国家，保障个人自由的体制存在于专制君主和普通百姓之间。

在中国制度里，除非出现骚乱和造反等特殊情况，一般一个地方只会委任一个地方官。地方官员在当地是朝廷的唯一代表，其他附属的职位，如衙役、税吏、狱卒和军警，只是官员的仆役。他们受雇于地方官而非朝廷，薪水由地方官自己承担。这些仆役都住在官府或附近，随时听候地方官的差遣。仆役也有级别之分，一般总管或师爷地位最高，俸禄丰厚，也受尊重，有时甚至可以和地方官平起平坐，受到相当的礼遇。他们与地方官讲话可以不用先磕头，也可以敦促官员推行一些有益于百姓的措施。官员的仆役中有一种职位叫作“首仆”，通常是上了年纪的老人，说话喜欢引经据典。当官员遇见棘手的问题时，他会向首仆请教，首仆还负责官员的书信联络事务。

在陕西的小城镇，很少有人能按官场规范完满地写出一张短笺，每封信都要以官方语言写成，任何有官员署名的文件里，表述观点必须引经据典，决不能显示出是写信者的原创。官员们的一言一行都必须是数百年前某位伟人言行的重复，又或者是对某位古代圣贤智慧的合理运用。官员信件中的每一段都是古代经典中的文字，或者以中国历史上的某件大事作为结束，这样就不会有人认为他在做新事或说新辞时犯有错误。将官员信件中的原创内容全部删除是首仆的职责，他的作用在于将主人的意思以有据可查的语言完美表达出来。

在官场礼仪中，对各个级别的官服都有明确规定，未被授予相应级别，不得随意穿戴。敢于模仿者，哪怕是微小细节，也会被视为大逆不道，必受严惩。官帽呈圆形，帽檐卷起，顶上是一簇红线，中间是帽钮，颜色代表官员级别。执行公务时，仆役可以戴样式相近的帽子，但不能有帽钮和装饰。

官员办公时的袍子用褐色丝绸做成，从脖颈长及脚踝。官服上唯一允许出现的装饰是前胸和后背的方块补子，以金银线绣出特定图案。官服袖子很长，可以遮住双手，公共场合不露出双手是重要礼仪。官靴是特定的，鞋底极厚，使官员居高临下，显得仪表非凡。

官员受到上级正式接见时，除了穿戴官服、官帽与官靴外，胸前还要挂一长串木珠。官员走进会见厅，面对上级，必须单腿跪地，将木珠举到面部一臂之外的地方，并将全部注意力集中到珠子上，以免东张西望。平视或仰视上级皆为不敬，低头全神贯注聆听上级训话才是应有礼节。

我到西安后，先后见过数十位官员，他们都是典型的绅士，文雅，有涵养，才能卓越。与之交谈令人愉快，让我真心希望与之成为好友。在我的印象中，官员总是威严而从容，不喜多言，没有拉丁民族的唠叨。但陕西官员改变了我的看法，他们通常善于讲故事，且富于幽默感。言语中常有愤世嫉俗的揶揄之词，不避讳回答“西方人”的问题。

西安官员似乎皆有随机应变之能，总能在不同场合表现出恰当神态，不会让陌生人不知所措。他们通常像美国人那样询问——“需要我帮忙吗？”在中国任何地方，官员都必须是受过良好教育的人，且是辖区内历史文化方面的权威，他对辖区的了解远胜于地图。陕西地图上没有标注的偏僻城镇，官员却清楚地知道。在个人事务上，官员富有荣誉感，言出必践。如果没有“压榨”，这里的官员放在纽约也是绝对的绅士。

第十二章 ———

西安与西安人(上)

西安周边有个小县城叫临潼,以温泉知名。进入西安的前一晚,我们入住临潼公馆,旁边有温泉浴池。离公馆不远的山坡上,有一处人工开凿的石洞。石洞内有一眼硫黄温泉,形成一个约40平方英尺的池塘。石洞入口的铭文记载了温泉的来历:2000年前,中国的一位帝王下令修建温泉。地下热水通过管道输送到1000码外的山坡石洞内,形成人工湖泊。湖边灌木丛生,很多都是陕西难得一见的植物。西方文明还在战斗中渐露头角时,古老的温泉就已经在这里冒着热气了。

湖面上的道路错综复杂,通往不同的方向,湖中央建有精致的楼阁。一架狭窄的木桥从湖岸边延伸到湖中心的楼阁,红蓝交织的栏杆与步道蜿蜒曲折,与楼阁相连。琉璃屋顶五颜六色,使楼阁愈发显得精致。湖面上,迷宫似的小道通向山顶上的一处小庙。

夕阳西下之时,湖水终于显出本来面目。落日余晖笼罩亭子的屋顶,散发出奇异的色彩。红色、绿色、紫色皆融进一片金黄

内有一眼温泉的石洞

里,和着湖上的雾霭轻柔地飘入树丛。我欣赏着奇光异色的演出,直到太阳完全落下,黑夜降临。有位传教士曾说:“中国人缺乏美感。”如果这片山坡是一位托拉斯或铁路网创造者的私家园林,那么可以肯定,我们早就听到它价值几何了,也会听说设计者从何处得来灵感,我们会得知关于湖泊、楼阁与园林的一切。但遗憾的是,临潼并没有引人关注的有利条件。在这块异教的土地上,人们对他人的审视不屑一顾,也不为获得他人的赞誉而努力。对生活在附近的人而言,石洞就在山坡上,黄色的薄雾永远飘荡在紫色、绿色的亭台楼阁间,这就够了。他们热爱这里,一如他们的父辈,可能他们不知道何谓“美感”,但当西方人来到这里,一定想要向他们请教:“我们懵懂无知,请赐教何谓美丽?”

在临潼的那晚,王翻译的几两银子被偷走了,他怀疑是马夫所为。虽然丢失的银两很少,但为了防止类似情况再次发生,我们依旧决定报官。我们和外委一起去城里逮捕了车夫,将嫌犯押解至县衙。到县衙门时已接近晚上九点,县官不但没有感觉受到骚扰,反而礼貌地询问了事情的来龙去脉。在了解完事情的大致经过后,他问马夫是否偷了我们的钱。马夫跪在地上,向孔子以及其他神仙赌咒发誓,表示自己清白无辜。看他言辞恳切,我以为我们冤枉了好人。但县官只是微笑着说:“二十大板。”嫌犯的右手被绑在腰上,衙役用一根藤条重重地抽打了他二十下。马夫还在狡辩,但这次却犹豫了许多。“五十大板。”这次大约抽打了十下,马夫便举起左手示意停止,并从上衣里拿出了空空的钱袋。他痛哭流涕,哀号着说这个诱惑对他实在太大了,他不仅偷走了钱,还

临潼的一座楼阁

花光了。县官的判决结果是“给他戴上枷板，关押十天”。

马夫被押走后，县官对我说：“我想你不会再遇到盗贼的麻烦了。如果真的碰到，请不要自己私下解决，还是要报告给地方官府。”

事情解决后，我们向县官道谢，准备离开时，县官将我们丢失的银子如数奉还。他说：“您带着庆亲王的名帖，而在我的辖区内蒙受了损失，所以我在一定程度上愧对于您和庆亲王。我将赔偿您丢失的钱。”我很想让他明白丢失银两是我们的责任，损失是我们自己的，与他无关。但他依旧固执地指示车夫称量了银子，我们只得从命。我曾经听说中国人在莫特大街的鲍厄里遭到过拦路抢劫，相信那些坏人肯定也受到了惩处，但从没听说过警官赔偿受害人钱财的事。果然，“中国的异教徒与众不同”。

西安平原东部边界在临潼以西2英里处，山峰从那里向西南逶迤而去，将西安与北边数百英里的高原分隔开来。平原土壤偏碱性，用井水浇灌后会变得肥沃。但在旱季，土壤会变成细细的白色粉末，上面寸草不生。高原上除了野草没有其他的植被，渭河的几条支流从这里流过，从临潼延伸出来的道路最终汇集为河流上的石桥。洪流带来的淤泥在河堤不断沉积，原本高于河床15—20英尺的石桥，现在仅仅高出水面约2英尺。建造石桥的石头在本地并不多见。在没有蒸汽机的时代，中国人以最原始的手段搬运石块。这样的大规模搬运工程，堪称古人的一大壮举。

干旱导致播种延迟，迄今为止，地里仅能看到刚发芽的秧苗，女人们也开始在田里忙碌，这是我第一次看到西安平原时的景象。

庙宇和村庄不时出现在地平线上，如同海洋里的岛屿。单调荒凉的平原向四面八方无尽延伸，所过之处没有什么令人兴奋的景象，这里仿佛被上帝遗忘了。我想，除了汉人，世界上任何民族都会对这里感到绝望。

没过多久，西边的地平线上出现了一列低矮山丘般的屏障，其间夹杂着高耸的山丘。我们越走越近，其棱角变得清晰可辨。我叫来卫队长，指着地平线上的山丘问道："那是什么？"

"是西安城。"

真正看到西安城墙前，我以为自己对中国的城墙足够熟悉。在以往的印象里，城墙不过是灰色砖块垒成的建筑，并无特别。但看到西安城墙，震撼二字已不足以形容我内心的感受。中国再找不出第二座比西安城墙更加完整的城墙了，北京也不例外。西安城墙始建于明洪武皇帝十七年(1384)，周长约15英里，城墙不低于30英尺，城门更高达70英尺。城墙上的敌楼结构庞大，每一座都有四五层高，开设60多个窗口。弓箭手可以从这里向城外任何方向的敌人放箭。西安人以城墙为骄傲，在提到这里的名胜时，他们会首先提到城墙，就像芝加哥人会提到他们的牲畜圈一样。在火器主宰战争的今天，城墙的防御意义几近于无。大多数中国城市已经不再给予城墙足够的重视，任由这种古老的城防设施荒废崩塌。但在西安，人们每年仍旧支付大量税款用于城墙维护。

城墙外围是西安城关。穿过城关，我们就接近了西安城的东门。城关虽然在西安城外，但依旧有很多人口、学校和寺庙，生活非常现代化，不过没有商铺。王翻译为我翻译卫队长的说法："一些人喜欢住在城墙外面，因为那里地价便宜，并且每天都可以去城里的商店购物。”我不明白西安城关的居民通过购买月票能从日常花费中节省多少钱。在过去的几千年里，西安城郊的居民每天都往返于家和工作场所之间。西安城在唐代已经是世界贸易的中心了。尽管各民族文化有很大差异，但是他们却经常接触，互相沟通。直到现在，在西安城依旧能看到其他文明的影子。

穿过城门前护城河上的吊桥，我们进入西安城里。进城后的第一件事，就是要拜访郭崇礼。他是英国的传教士，负责发放赈灾款。在途中，卫队长大概介绍了西安的概况。我们骑马沿着街道走了3英里，两侧是一个挨一个的商铺、钱庄和市场。官员的轿子、手推车以及骑马的人都在人群中穿行涌动，一派忙于生计的景象。越深入中国内地，越能感受到入乡随俗的好处。在旅程中，我不但学会了使用筷子，还购买了一套中式服装。大庭广众之下，穿上中式衣服能让沿途百姓不再感到惊奇，而且能够消除和官员谈话时因服装差异带来的困惑，比如“为何西方男子要在靴子外面套上裤子”之类的问题。

进城的时候我乔装打扮，裹着厚厚的羊皮袄，脚蹬中式高勒靴，头上戴一顶毛边帽子。即使裹得如此严实，还是被西安人看穿了。卫队士兵忙着驱散跟在马后的一群小男孩，男人们驻足打量我，妇女和孩子则趴在窗户上对我指指点点。王翻译告诉我：“父母想让孩子见识一下外国人是多么可笑。”没走多久，兼任向导的外委在一扇低矮的门前下马，门口纸板上写着“美国公馆”的字样。门前站着一位穿着中式服装的人。他青灰色的眼睛透过金丝眼镜真诚友好地望着我，我想，也许只有苏格兰人的眼睛才会饱含这种友善。

“您好，郭崇礼先生！”我磕磕绊绊地下了马，“我一直期待着与您的会面。”

我企图装扮成中国人的想法被他识破，郭崇礼先生露出亲切的笑容。“对于美国人来说，扮成中国人是很难的。”他说，“很高兴见到您。最近有一些义和团在附近活动，当巡抚告诉我您正朝西安赶来时，我还担心您可能到不了。请进来吧，我为您准备了可以用刀叉吃的午餐。”

郭崇礼先生的热情招待让我对“西安府传教士”更加尊敬。他们胸襟宽广，为全人类奔走效劳；正是因为他们默默无闻的努力，才将整个世界连接在一起。郭崇礼先生受教于剑桥，仅仅为了“那些能够被拯救的人们”，在这个偏远的城市生活了许多年。从一开始被视为外国流浪汉，到如今当上官府顾问，郭崇礼先生已成为在陕西各地有广泛影响的人物。

关于西安城的起源，建于何时，何人所建，没人能说得清。相传伏羲诞生的时候，西安已经是繁华都市了。传说，黄帝的统治始于公元前2679年，他定都西安，发明了车、弓、箭及中国历法。他的妻子嫘祖则发明了养蚕制丝，成为现代织造业的鼻祖。大禹也是西安远古历史中的杰出人物。公元前2286年，尧命大禹治理黄河和渭河的洪水，彼时陕西几乎全被洪水淹没。尧说：“洪水淹没了山峰，涨得比山丘还高，威胁到了天堂，百姓怨声载道。”大禹用了八年时间，将洪水疏引进原来的河道，当然，这是一项艰巨

西安城内的美国公馆

工程。他从乌龟壳的花纹上获得灵感，将天下划为九大区，后来扩大为省。他称陕西为关中，这个称呼一直流传至今。

公元前1122年，周武王开始了他在西安的统治。他的儿子诵派使臣从遥远的封地给父皇送来贡品。据说统治马来半岛某地的国王进贡了一只“白色野鸡”，这可能是有关白色柯钦鸡的最早记录。

公元前246年，是秦始皇统治时期。秦始皇是中国历史上第一位皇帝，他统一了中国，被称为“中国的拿破仑”。他修建长城，开挖运河，铺设道路，使帝国对各地的统治得以巩固。秦始皇在西安周边大肆修建宫殿，其华美与壮丽是后世宫殿所无法媲美的。在距离西安约20英里的咸阳有一处宫殿，专门用来收藏各地进贡的奇珍异宝。秦始皇陵位于临潼附近。

从公元前206年到公元25年，西汉诸帝入主长安。这是中国历史上的“伊丽莎白一世”时代，文学艺术极度繁荣。因为秦始皇焚书坑儒而萧条的文化，在这个时代得以复苏。儒家的十三经被镌刻在石碑上，至今仍屹立在西安碑林里。西汉大力开疆拓土，版图推进到今天的中亚，一度将罗马人的故事带到长安。巧合的是，基督降生的时代，统治中国的是汉平帝，意为“和平的皇帝”。

时至东汉，光武帝攻占并焚烧了长安。不过，长安在很短时间里便得以重建。隋唐时期，西安再度成为中华帝国的首都。隋文帝杨坚是隋朝的开国皇帝。在他统一中国前的几百年间，中国被分为两部分：南朝和北朝。公元590年（编者注：原文有误，应为公元589年），南朝皇帝陈后主被杨坚的大军擒获，押解到长安“万寿宫”跪拜杨坚的祖先。

公元630年(编者注:原文有误,应为公元627年,即贞观元年),唐太宗李世民在西安开始其统治。他将许多其他民族向西、向北驱赶,在西安建立了一所全东亚赫赫有名的大学。朝鲜、日本等国家纷纷送年轻的王子来这里接受教育。唐太宗曾说:“如果帝王能够杜绝铺张浪费,减轻赋税,就能让百姓丰衣足食;如果能够正确地识人用人,任命贤明的官员管理国家,国家就会和平安定,百姓就会安居乐业,盗贼就会从社会上绝迹。”

西安作为帝都的历史终结于蒙古人第一次成功入侵中原时。元世祖忽必烈于公元1204年定都北京(编者注:原文有误,忽必烈定都北京的时间应为1271年),尔后任命其子蒙哥剌为陕西、四川和西藏平章政事,以西安为省会。蒙哥剌所建的宫殿距离西安5英里,马可·波罗记述称“宫殿群内外点缀着很多泉水、溪流”。

公元1630年(编者注:原文有误,应为1629年),明朝终于无力应付满人的侵扰,此时,一个名叫李自成的陕西人发动起义,宣称要推翻统治王朝,把中国从满族人的手里拯救出来。他攻占了西安,建立了大顺王朝,以西安为国都。公元1643年(编者注:原文有误,应为1644年),李自成率大军向北京挺进,北京城门大开,老百姓夹道欢迎。明朝最后一个皇帝崇祯在煤山自杀,于是李自成在西安建立的王朝再次统治中国。可惜李自成在皇帝的位子上并没有坐太久。明朝遗民投靠了满人,请求满人帮助他们推翻李自成。在联军的进攻下,李自成被迫撤退至西安,陕西是他最后的根据地。他带领少数追随者逃进潼关以南的深山里。后来,李自成被一群厌战的农民杀死在深山中。随着他的死去,反抗清王朝

西安城中一条静谧的街道

西安城里的公共广场

统治的最后一点势力也荡然无存，但西安却是中国最后一个承认满人统治的城市。

事实上，与其他城市相比，西安确实有着别具一格的魅力。在中国数千年的历史里，西安经历了无数的攻伐战争，烧杀抢掠，王朝覆灭，天下易主，但西安城却幸存了下来。正是这种变幻中的永恒让来自西方的异乡人对西安产生了异乎寻常的迷恋。当我听到人们讲述黄帝时期的故事，就好像发生在50年前一样熟悉时，我开始明白德·昆西吸食鸦片时说的话：“倘若我不是生活在英国，而是生活在中国，它的文化风俗及生活方式会让我发疯的。”

在西安，人们不厌其烦地向我讲述伏羲及神农的故事。故事里的神农有个坚强的胃，靠它来尝试研究不同的蔬菜和草药。他发明了使用筷子的饮食方式，并在西安开设了免费的医疗处，向百姓宣讲身体各器官的功能。一位年迈的学者带领我参观这个城市，我好奇地向他询问有关“神农疗法”的事。他的表现让我觉得“神农疗法”并无特别之处，就像西方提到科赫或巴斯德大夫一样。

秦始皇的统治被推翻时，一把大火葬送了他举世无双的宫殿。现在的秦皇宫遗址是陕西的校场。有位古玩商向我推销一些看起来很有年代感的陶片，他很肯定地说是秦始皇宫殿遗留下来的砖瓦。我向别人询问真假。他们告诉我那些可能是赝品，不过又补充说“即使是真的，也没有什么可惊讶的”。

与中国大多数城市一样，西安并没有精确的人口数据。官员估计，在最近的饥荒发生前，全城大概有100万居民。我觉得这个数字有些夸大，实际上更接近70万人口。

缺乏规划和没有完善的建设体系是中国城市的通病。在西方人眼中，无论中国城市有多么庞大的人口，都很少具有都市的外观，街坊通常随意地四散开来，建设没有规划，布局没有章法。然而，西安城却是例外。西安街道虽然没有设置人行道，但是从街道的走向和交错的节点来看，是设计者根据人们的生活行动轨迹有意为之的。西安街道都很宽阔，行人和马车同时行走互不干扰。街道遵循东西、南北走向，从一侧城墙穿越市区可直达另一侧城墙。路面以石板铺砌，沿用了几百年后，多有磨损。街巷虽多，却能定期维护。如果外地人来到西安，对西安没什么好印象，当地人一定会弄清缘由。这里是比北京更令人难忘的城市，西安人也很珍惜这一点。

巡抚衙门设在西安城中心。衙门门前的公共广场，是西安最繁荣的集市，贸易从早到晚持续不断。这里有本地人熟悉的买卖，也有变戏法的、算命的以及花样百出的杂耍把式。杂耍艺人的帐篷、买卖人的货摊，遍布广场。傍晚时分，百姓们结束一天的劳作，聚集在广场上，面带笑容，从一个摊子逛到另一个摊子，为惊心动魄的表演鼓掌喝彩，打赏钱币。

在这里，我第一次看到中国版的木偶戏，他们在演《潘趣与朱迪》。手艺人在屏风后操纵一男一女两个木偶，他们相互反目，发誓要砍下对方的脑袋。为了区分角色，表演者以真假嗓切换进行对话，就像英国表演者用美国人熟悉的声音说话。在所有演艺节目中，最有趣的是“说书”。说书人可能坐在凳子上，一坐就是大半天，不管周围发生什么都无动于衷。但当他准备开讲的时候，则会毫无预兆地飞身跃上讲台，伴着有力的手势，大声讲各种演义故事。说书人从开口的那一刻起，就带着某种激情，面部表情十分生动，一直持续到结束。他会让听众猜谜语，从经典文献中引用特别的话并加以点缀，偶尔还变换花样，代入人们熟悉的滑稽角色。我在一个说书摊子上看到模仿官员的表演，虽然听不懂他在说什么，但我一眼就能认出他在模仿谁。

西安城西北是穆斯林聚居区，这里有两座清真寺和学校，可于此研习《古兰经》。只有宗教可以将先知的追随者与普通市民区别开来。但即使是穆斯林女孩子，也躲避不了缠足的命运。穆斯林母亲在给女儿缠足时，和汉人一样沉默。穆斯林商人喜欢和有宗教信仰的人打交道，他们之间有着频繁的贸易往来。穆斯林商铺遍布全城。不过在数年前，穆斯林还为了弘扬伊斯兰教在陕西乡下起事。而如今，他们却安静平和地生活在西安城里。我不禁想问：中国人是否真的对外来宗教持有狂热的反对意见？如果是的话，那为什么这样的宗教也会被接纳？中国人承认穆斯林由来已久，马可·波罗提到的印度“撒拉逊”可以证明这点。在13世纪的西安，“撒拉逊”就已经作为一个独立的宗教派别存在了。马可·波罗多次提到鞑靼和“撒拉逊”，但有关西安城内穆斯林的记述，却是18个省中唯一被他提到的。

西安规模较大的商铺，集中在连接南北城门的大街，位置靠近东城墙，交易商品数量多且品种丰富。人们的需求集中在棉布、茶叶等实用商品上，珠宝首饰、象牙雕刻、玉石玛瑙等奢侈品则很少见到，不像沿海城市那么富有商业气息。秦岭与甘肃、西藏的群山旷野相距不远，西安因此成为西北各省毛皮贸易的转运枢纽。长街上有好几个区域都是皮毛交易市场，这里供给着整个帝国官员们朝服衬里所用的貂皮和水獭皮。跟美国物价相比，这里皮毛的价格低得吓人，十两银子就能买到一张完整的豹皮。西安有一家名为“都城商号”的百货商店，号称出售的都是外国商品。逛后才知道，所谓的外国商品仅仅是几块法国香皂和十来盒美国香烟。

西安长期以钱庄众多闻名全国。在北京，人们常常称西安人为“钱庄老板”。公共广场向西约半英里的大街上，分布着20多家钱庄，这里每年经手的银两以百万计。这些钱庄都有上千年的历史，在全国各大城市都有分号。西安钱庄的运作方式和美国银行如出一辙，从分号收取存款，发行汇票，出售兑换单。在汇票持有人身份被完全证实后，钱庄才会兑现银两。西安钱庄会给商业储户支付利息，尽管他们投资的钱比存款更多。钱庄还在陕西境内发行面额为5000和10000文钱的庄票作为货币流通。

虽然西安和纽约的银行制度颇为相似，但经营方式却有天壤之别。西安钱庄进门是一个长柜台，一端放着称重的天平。职员坐在柜台后面，每人面前都放着一把算盘。在运算时，钱庄伙计从来不用纸笔，如果你询问任何一个职员一定数量的汉口银两以4.78%的比例的兑换额，他会立即开始拨拉算珠，不到一分钟，就会告诉你准确答案，并可以精确到一钱银子的千分之一。柜员精准的计算还不算什么，最令我惊讶的是账簿，钱庄账簿竟然采取原始的记录方式。不管是兑换单交易，还是存款收据，抑或利息支付，不加区分地记录在同一个账簿上，说白了，就是流水账。但是依靠这本账簿，钱庄老板总能清楚地告诉你账户情况，而且没有误差。如果有一天能深入研究中国人的经营之道，了解如何用流水账的方式管理复杂的钱庄经营，我想会非常有趣。

陕西700万人口如何在没有邮局的情况下生活了五千年之久，是另一个等待圆满回答的有趣问题。陕西境内没有任何发送或接收邮件的设施。如果有人需要寄信，他们会付钱给车队的车夫，由车夫将信件捎往目的地。西安的传教士偶尔会雇用信使携带邮件前往300公里外的太原邮局。实际上，这是西安市民与外界通信仅有的两种途径。

在中国，18个省份中的大部分已经使用了赫德爵士创办的邮政系统，例如，四川省的一条官方邮路几乎延伸到了西藏边界。北京外务部也不止一次地打探西安的态度：到底要不要在西安建立邮局？但总是遭到西安的强烈反对。陕西人之所以如此，可能出于他们对信件的厌恶。因为通信意味着要和外界发生联系，一旦建立这样的联系，就会引入外来的洪水猛兽，比如说外国人。这是陕西人不能容忍的，所以如非必要，陕西人几乎不写信。

好在中国的电报线已深入到最偏远的地区。八年前，西安电报局成立，这是八年来外国在西安设立的唯一机构。政府每天下达给各地官员的诏书和命令皆由此线路传达。除此之外，每月收递两条消息就算是西安电报局的一笔大生意了。绝大多数陕西人依旧憎恶这种“杆子上的电线”，将之视为邪恶灵魂的居所。义和团在西安最初的行动就是破坏数百里的电线。在流亡朝廷到达西安前，从未有人把电报局当回事。直到慈禧太后抵达西安，每天打电报责备远在北京的庆亲王和李鸿章，商人和钱庄老板才开始对皇帝也使用电报这一事实感兴趣。当我访问西安的时候，电报局雇用了四名报务员，其中一位是西安城里唯一会说英语的中国人。在和平谈判的时候，他从南京奉命而来，专门向外国联军传达朝廷的讯息。

西安城南是官绅府邸的聚集地。他们的房屋外观很普通，低矮的沿街围墙上开有门，进去后就是庭院，院子的左、中、右均有房屋。有钱人家通常用檀香木或者柚木做家具。房间角落里悬挂着华丽的彩色床帏，靠墙的柜子上摆放着珍贵的瓷器，富裕人家皆以收藏桃红色釉和江西蓝釉瓷器为时尚。西安冬天极为寒冷。富裕人家的房屋依靠一种特殊的供热系统取暖，这套系统比美国人使用炉子取暖要早数千年。供暖系统的热源来自屋外靠墙的土坑，土坑深约5英尺，面积约合4平方英尺。严寒冬日里，坑内的火燃烧不熄，坑下一排孔洞连接着一组带有铜衬垫的木槽，木槽从房屋地板下面穿过，升起的热气通过木槽流通。由于陕西缺少木柴，所以很少用木头做燃料。通常使用山西的无烟煤，无烟煤从渭河走水路运到陕西，质量极佳，价格也比较合理。

西安也有社团，除了中国大城市都有的学生会外，还有很多同行业组成的行会，与美国行会有很多相似之处。西安不仅有“文官会馆”和“武将会馆”，还有很多排外性很强、做派奢华的会馆，成员基本上为城里的官宦子弟或富家公子。为了方便来自外省的商人和企业家，各省份在城里都设有“会馆”。各家会馆在城中心都拥有规模宏大的房屋，只为本省的人服务。汉口的皮货商可以寄居在湖北会馆，而北京来办事的人则可以前往直隶会馆。出门在外的人还可以在本省会馆内预订房子，用于接待有生意来往的人。

“没有女人参与的场合就不算是社交场合”，如果这一说法在西安也成立的话，那么西安就没有正式的“社交场合”。我很少看到妇女出现在公众场合，即使在自己家里，妻女也不允许与来访的男人会面。对于富裕的家族，女眷在外抛头露面被视为羞耻和不守礼节的举动。西安街巷中能够遇到的屈指可数的妇女全都属于贫苦阶层。西安缺少“社交场合”，却不缺乏古老的世家大族。我想在哪个地方也不可能发现比西安世家大族传承更久远的家族了。在如今的西安城中，还有许多家族成员身上流淌着西汉官僚或贵族的血液。中国人有记录族谱的习惯，可见他们十分重视血统。有时我跟人谈到中国历史上的某位名人，对方会补充说：“他正是在下的先祖。”类似情况经常出现，毫不稀奇。

戏院在西安的影响力比其他城市小得多，好像西安人对浮华的娱乐并不感兴趣。一般来说，中国人喜欢的无非是戏院里那些叮咚铿锵、不悦耳的表演，但西安人并不喜欢。他们批评演戏，有人对我说，他们从未去过戏院，因为孔圣人反对如此。西安最常见的社交活动是晚宴，为了宴请客人，主人通常会在饭馆或会馆订一个包房，客人一般不会超过20人，大概有12或15道菜，大家边吃边聊，席间会有头面人物发表长篇大论，整场宴会通常持续到深夜。

当我抵达西安时，它正从本世纪最严重的一次饥荒中复苏。在我到达此处的六个月前，街巷上还有人把人肉当作食物售卖，成千上万的人因为饥饿死去。自从回民起义以来，战乱使西安极度贫困凄惨。1900年的饥荒又让这座古城雪上加霜。我从北京出发，经过27天的骑行到达西安，看到的凄惨景象是过去30年间仅有的。

尽管人们生活已极度贫困，但仍没有出现贫民窟，没有任何一条街巷符合我们所谓的“贫民窟”的特点。虽然城外路边的窑洞里，数以百计的农民死于饥荒，但其遭遇的是旱灾之后接踵而至的饥饿，而饥荒的受害者并不一定是西安人定义的“穷人”。

通常，西安城中的人差不多都有住所。除了鸦片鬼，几乎人人衣食无忧。骑马经过西安城，看不到纽约贫民窟那种拥挤、绝望、堕落的景象，那种“罪恶之源”有时被冠以“沉沦”之名。我并不是说西安没有贫富差距，相反，西安的贫富差距非常明显。西安的官员、商人和钱庄老板们，放到任何地方都堪称富豪。但令人诧异的是，我们可以说一些人“富可敌国”，却无法用“赤贫”来形容其他的人。在西安，富豪和穷人的差距主要在于金钱，而在教育、机遇和环境方面，两者并不存在如纽约第五大街富豪和鲍尔里出租屋房客之间那样鸿沟般的差距。

中国人是天生的赌徒，他们对于碰运气式的各种赌博情有独钟。赌博已成为他们的日常娱乐。村子里的农民为了赢钱，可以在类似旧金山的番摊游戏里沉迷好几个小时，偷奸耍滑的人沉迷于骨牌，甚至把在神像面前的抽签都视为一种抽奖。不过，西安没有赌场，也没有公开的赌博活动。本地法律严禁赌博，一旦发现，惩罚非常严重。陕西的传教士告诉我，官员在任内最丢脸的事情就是没能禁绝公开的赌博活动。官员的很多错误都会得到上级的原谅，但如果在其辖区内有赌场存在，他就会一辈子“脸上无光”，甚至可能被流放或监禁。

西安很多商店出售酒水，但却没有酒吧。人们可以买一瓶散酒在家里有节制地自斟自饮，只有在宴会上才能公开喝酒，但也不得过量。在宴会上喝醉，是非常失礼的行为，会让亲朋好友蒙羞。

西安没有赌场，没有有伤风化的堕落场所，也没有罪犯聚集地。中国所有这类场所都只存在于外国租界、开埠港口等地，或许因为那里不属于中国法律的管辖范围。一位年迈的穆斯林茶商曾经评论道，“伊斯兰教不会在中国取得胜利，因为崇奉先知的国家没有足够的力量推翻儒教文明。就我而言，”他补充道，“我宁愿看到基督教徒推翻儒教，让中国皈依‘一神’。唯一的麻烦是，如果西安变成一个基督教城市，将会和上海一样糟糕。”这或许是我听到的对我们文明最糟糕的评价。

我不想用个人观点招来读者厌烦，但为什么一座基督教大都市的“罪恶之源”在中国最古老神秘的城市里闻所未闻。如果一个西安人出访过纽约，返乡之后，他会很自然地提及“社会最底层”，诸如“酒吧、赌场”，以及他并不习惯然而却新鲜有趣的城市生活。当发现西安明显缺乏这些场所时，我也感受到了类似的奇怪与诧异。如果我只记录事件，而对社会状况只字不提，就不能忠实、公正地讲述我的经历。我无意于比较两种文明，但我心中已经明了。

第十三章

西安与西安人(下)

西方对于西安的地位与历史作用毫无所知。即使在中国,一些离西安较远的城市,对它也知之甚少。陕西与西藏之间,只隔一个甘肃,距离之近,常让人误会它是一个边境城市。到过西安的西方人屈指可数,迄今为止,外国人在西安仍旧缺乏安全感。一位保守的巡抚上任或是一场排外运动,都会迫使外国人离开西安城。

马可 · 波罗在记录他从北京到西藏的旅程时曾提到过一个叫作Kenzan的地方,后来的研究者认为那就是西安。这很可能是事实,但我沿着马可 · 波罗的足迹走来,感觉他从未到访过他描述的中国各地。在我看来,马可 · 波罗关于中国18省的记述大部分来自现在的编撰者。读完"道王子"的离奇故事,我倾向于相信,"泰镇"城堡就位于平阳和黄河之间的某个地方。如果年迈的马可·波罗能够预见到后来的注释者对他所叙故事产生的深远影响,他应该会由衷地感到高兴。

马可·波罗叙述道："离开Ka-chau-fu城后，再向西行进八天，沿途皆是树木园林，桑树遍布田野。行程的重点就是Kenzan城，它在古代是一个辽阔、尊贵的王国都城，以强盛的武力著称。"近年来，注释者竭尽全力调查，却未能发现Kenzan位于何处。如今，西安周边能够出产丝绸的最近的地方，是南去200英里处的湖北老河口。陕西气候太冷，无法种植桑树。古伯察和理雅各教授在对景教碑的记述中，都提到了西安，但他们二人皆未亲临此地。

罗马天主教会在西安主持一个礼拜堂已逾20年。虽然这个礼拜堂由意大利多明会修道士掌管，但是牧师无一例外都是中国人。大约15年前，一位基督教传教士在西安开设了一家免费诊所，意欲借此传教。但是一伙暴民捣毁了他的福音堂，他也逃离了此地。接下来的三年间，排外情绪高涨，以至于外国人都被禁止进入西安城。在这样的恶劣环境下，1890年，英国传教士郭崇礼先生躲藏在一辆马车里进入了西安。差不多从一开始，郭崇礼先生就受到官方的青睐，并被获准在城中心租一间房屋。他在社团中与西安的学者讨论天文地理。参加讨论的人很多，在年轻官员中间成了一种时尚。

郭崇礼先生开了一家书店，专门出售欧美一流作家的作品。1898年，在一次排外运动后，巡抚下令禁止出售外国生产的哪怕一尺一寸的布匹，也禁止销售外国人写的任何书籍。但是这并未影响到郭崇礼先生的人际关系。西安人几乎已经不再视他为洋人，而逐渐将他看作自己人。郭崇礼先生成了巡抚的朋友，并为巡抚设计了渭河流域干旱土地的灌溉系统。但是由于义和团运动爆发，郭崇礼先生和其他传教士被迫离开陕西，这一计划未能得到实施。1901年7月，郭崇礼先生刚一回来，就作为一名受人爱戴的良好市民受到热烈欢迎。他从不对官府事务指手画脚，但高层官员总会参考他的建议。毫不夸张地说，这位传教士在陕西省的事务中，比任何陕西人的表现都要突出，影响力也更大。

我在慈禧太后及朝廷官员回銮后三周抵达西安。在清政府流亡陕西的六个月里，西安成为整个帝国狂热排外活动的中心。彼时，一个白人的性命还不值五两银子。但是，我在西安得到了友好的接待，与我打交道的人都充满了真正的热情。在调查饥荒的过程中，我必须骑马前往城市的每一个角落，进行大量的调查访问。通常，只有王翻译陪着我。这段时间里，不仅没有人骚扰和干涉我，各行各业、形形色色的人还会停下手中的活计，给我提供信息和帮助。

每当我走进一家店铺，老板都会为我沏茶倒水，然后好奇地询问我关于西方世界的问题。当然，选择我熟悉的话题可能也只是表达友好的一种方式。我在西安城里偶然结识的几个朋友还来公馆拜访我，表达他们的问候之情。对于官员的礼数和周到的接待，可以认为他们是敬重庆亲王的名帖，同时，也是对美国人民慷慨解囊救助中国灾民的感谢。但是，普通的西安市民并不知道我的身份和来此的目的，他们的友善也许只是因为我是郭崇礼先生的朋友，所以没有对我露出厌恶的表情。“西安府传教士”在这个世界上遥远的角落里确立了非凡的地位，他的生命最好地印证了他的信仰，那就是：无论有着什么样的肤色、服饰和语言，“无论何时都要保持尊严”。我之所以不断提到他，不仅是因为他给予我的巨大帮助，还因为他在西安的所作所为都证明了：尽管中国是以白银为根本，但践行金科玉律在这里仍备受赞赏，就像在我们自己的“文明国度”一样。

在我访问西安期间，陕西巡抚是李绍棻大人。在陕西700万人口当中，他比皇帝更经常被人提起，也更令人心怀敬畏。如果一个人从未听说过光绪皇帝和慈禧太后，初到西安，一定会相信陕西巡抚就是全国最高的统治者。在陕西人的风俗习惯中，拜访任何级别的官员都是一件庄严肃穆的事情，而能与巡抚谈话几乎就是生命中最重要的事情。然而，当郭崇礼先生捎话给巡抚说我希望与他会见并探讨一些饥荒的事情时，一名信使几乎立即就带回一张便笺，给予肯定的答复，约好当天下午会面。

李大人的官邸被称为宫殿，距城中心的衙门不远。郭崇礼先生和我抵达后，一个仆人拿着我们的名帖，引领我们穿过一个个庭院，然后让我们等待，他去禀报。一会儿，我便听见门后传来声响，有个很大的声音发出命令，接着就听到像是家具在地板上挪动的声音。门口几个懒散的士兵突然振作起来，拥进屋子。看不到的准备工作正在进行，此时我们就好像在等待戏剧开演。房门很大，上面绘满龙、神仙、花草的图案，与门帘很相称。

很快，从某处传来不和谐的鼓声，大门打开。一位年轻的幕僚走出来，抱拳行礼。我们跟着他走到长厅门口。长厅中央面对面站着两排士兵和仆役，形成一条通道，屋子尽头放着一把椅子。这些士兵隶属一支精锐的陕西军团，担任巡抚的护卫。他们配备

陕西巡抚李绍棻与两个孙子

大刀、崭新制服。当我们走上通道后，他们一个接一个单膝跪地行礼。巡抚座椅周围围聚着本地的低级官员。巡抚就站在中间。他有着结实的下颚，配着鹰钩鼻和扁薄的嘴唇，脸庞显得坚毅稳健，不露任何声色。无论何时何地，贵族首先要能够控制自己，才能掌控他人。一个受过教育的保守派，一个民族统治者，这是陕西巡抚李绍棻留给我的第一印象。与他谈话时，我不会拘束，也不会对下一步该做什么有什么迟疑，或许因为他曾经与西班牙或者意大利的官员打过交道。巡抚坚持让我坐在他的左边，这是一种殊荣，让我很不自在。在接下来的会谈中，两列卫兵保持不动，目不斜视。我觉得他们一定会诅咒我，因为我让他们保持这么长时间的站立。我真诚希望中国的礼节允许参与官方会见的所有人都能够坐下来。

"陕西的百姓，"巡抚说道，"非常感谢西方人送来的赈灾款。你曾说捐款的都是美国人，我一直不了解美国人和英国人的区别。他们属于同一民族，穿着、语言都相似。我们的各民族都是中国人，但像你们这样有同样的血脉却属于不同国家的观念，我弄不明白。"

我尽量对这个十分复杂的问题做出阐释，然后讨论赈灾的措施。我发现巡抚对这一问题了如指掌。他下令下属官员在发放赈款过程中和郭崇礼先生通力合作。"你旅行了这么远的路程，"他说，"也目睹了本省和老百姓的情形，如果不是因为饥荒，他们会生活得很幸福。你认为怎样才能预防类似的灾难再次发生呢？"我回答道，我担心像我这样的外人和他深入地探讨饥荒状况和老百姓的需求是非常自以为是的。“哦不，”他说，“我很希望你能够给我提供看法，告诉我你认为怎样能够预防饥荒再次发生？”

在他的一再恳请下，我不得不告诉巡抚，我认为如果有一条铁路，将西安和中国任何一处粮食产地联系起来，例如汉口或者北京，那么就能避免大饥荒的发生。因为通过这些，无论陕西的旱灾多么严重，持续多久，总是能够从国内其他富饶的粮食产区运来粮食，满足老百姓的需要。

“从某种方面来说，我同意你的看法。”巡抚缓缓说道，“依靠铁路倒确实能够避免饥荒，但是修建铁路也有一些缺点。铁路会给陕西带来我们所厌恶的洋人，而洋人又让老百姓丢掉饭碗。一条通往西安的铁路会让数以百计的家庭丧失谋生手段。我一直反对修建铁路，但现在看来，想要避免饥荒，我必须得修铁路，那我也不反对修建一条以西安为终点的铁路。”

与巡抚的会见结束后，我返回寓所，发现里面的人十分兴奋。院里的长凳上放着一排水盆，仆役们正在洗脸，而一个个子高大的基督徒正在擦洗旗杆。我赶紧去找王翻译，他从屋子里走出来，发辫松散地搭在肩上。后面跟出来一个剃头匠，手上拿着梳子和剃刀。

“这是在干什么？”我怒气冲冲地问，“为什么你们都在洗脸？难道我没有告诉过你们，在一天的工作做完之后，傍晚才可以编辫子！”

“我知道，知道，大人，”他也大声喊道，“但是巡抚大人派人来通知大概在一小时后会来拜访你。巡抚大人可是大人物啊，所以我们必须洗净、重新编辫子。”随后我也只能加入他们的准备活动当中，尽力迎合这一氛围。我房间的炕上铺了一块红布，变成一个坐榻，厨具被放在了角落。我换上一件干净的亚麻衬衣，它可是我在没有洗衣店的长途旅行中竭力保存下来的。

在这些准备活动即将就绪的时候，巡抚大人莅临了。20多名骑士护卫着他的轿子。一位幕僚将巡抚大人的名帖交给我，我赶紧去门口迎接。我陪着他穿过院落，对自己住所的寒酸表达了歉意。当巡抚大人在坐榻上坐下后，他通过郭崇礼先生告诉我，“看来您已经学会中华民族的礼节，懂得右侧和左侧座位之间的区别了。”

随后我们谈论起我在陕西的旅行。我发现，他了解境内所有城镇的人口数量，稍加思索就能告诉你每座庙宇的建造者是谁。“曾有人告诉我，”他说，“基督教教义是要人们宽恕冒犯自己的人，赈灾款就证明了事实的确如此。虽然义和团迫害传教士，但是直到现在，我才清楚看到基督教徒表现出的对敌人的宽恕。虽然你不明白中国的老百姓为什么憎恶或不喜欢传教士，但是也许当一切麻烦都结束了，我们可以更好更彻底地了解对方。孔子教导我们‘四海之内皆兄弟’，如果我们的百姓认识到这一点，他们就不会再伤害传教士了。”

我的中国地图让巡抚表现出浓厚的兴趣，地图上有我每天标注的从北京出发后的行程。但是他很快就转移了注意力，问我：“美国在哪里？”我取出一幅世界地图，尽力向他解释东半球和西半球的相对位置。当郭崇礼先生翻译后，巡抚脸上浮现出一丝善意的笑容。“你们野蛮人的地图弄错了,”他说,“美国的边界肯定与中国相邻,因为中国是世界的中央,而且地球是平的。”我回答说,在我们国家的印象中,地球是圆的。但是归根结底,与地球的形状相比,正确理解生活在地球上的人们才更为重要。另外由于我的学识远远逊于巡抚大人,所以在陕西期间,我会按照地球是平的这一“事实”来行事。就这样,我们谈论了大约一个小时,话题极其质朴、自然,就像我与熟识的美国朋友交谈一样。

巡抚的言谈举止非常得体,丝毫没有华而不实、骄傲自满、缺乏教养的举动。他在阐明中国地理学的观点时,给予我这个野蛮人很多的体谅。巡抚没有利用地球是圆的这一观点来谈论非儒教理论的愚昧浅显,也没有阻拦我这个野蛮人的可怜表现。他允许我坚持自己的观点。总之,陕西巡抚李绍棻绝对堪称一位绅士,在西安如此,在纽约和伦敦也会一样。

在我们离开西安前几天的一个傍晚,城里的几名年轻人为我举行了一次小型宴会。他们既非官员子弟,也不是最近通过科举考试获得功名的人。宴会设在数百年间都是西安城精英会聚之处的酒楼,我们占据了一个雅间。在等待上菜的时候,招待的主人抽着水烟,为我们递上纸烟。宴会过程中上了很多菜,摆放在一张大圆桌上。除了筷子,宴会中的招待、礼数、言谈举止等各方面都与西方宴会没有差别。每上一道菜,他们总是要等郭崇礼先生和我动了筷子之后才品尝。他们不大声讲话,也不会将胳膊肘放在桌子上。我们谈论时政、开玩笑、讲述一些奇闻趣事。他们对于朝廷的主张和措施没有什么看法,主人说满人骄傲自大,根本

“不会做事”。他们喜欢华丽的束腰外衣，将帽子戴在一边，显得与众不同。他们非常有趣，但是你始终不能期望他们变成其他什么人。实际上，他们也算是外国人，其祖先不过是在400年前才来到中国。

话题又转到生活在美国的中国人身上。其中一位说：“中国迁往美国的移民肯定都是最愚昧无知、最低贱的人。因为倘若一个中国人想离开自己的祖国，那他肯定是麻烦在身。绅士从不会背井离乡。所以美国政府禁止这样的中国人入境是很正常的事情。我很惊讶美国人竟然能容忍他们。”在陕西，这样的看法我听到过很多次。陕西人对“排华法案”有所耳闻，因此对美国几乎没有敌意。这种观点与香港或者上海人截然不同。在那些地方，人们大呼反对“美国歧视”，还会做出一些报复性的措施和言论。但是古老的陕西人认为，当今中国就如同过去五千年间任何时候一样，是世界上最好的地方，人们打心眼里看不起移民出国。

当宴会在“晚安”和“再见”声中结束后，我们在夜色中返回寓所。我脑海里充满了黄皮肤、黑辫子和筷子，但这些毕竟无法隐藏中国人的天然性情。

第十四章

光绪皇帝逃亡的岁月

在中国，虽然妇女地位极低，法律对她们的限定比奴隶好不了多少，但是她们总能在中国历史上扮演重要角色，有几次甚至成为帝国的实际统治者，就像当今的慈禧太后一样。公元前1818年(编者注：原文如此。夏朝实际的灭亡时间约为公元前1600年)，夏桀的美丽王后妹喜，因为奢靡和残暴导致了夏朝的衰败。妹喜之后，手握大权的女性几乎全都在祸国殃民方面与她堪有一比。当然，也有如同唐太宗的长孙皇后那样的例外。长孙皇后即将辞世的时候，对皇帝说："不要给我陪葬金银珠宝，灵柩里的枕头用木枕，我的头发用木簪扎紧。不要听信小人的谗言，也不要大兴土木修建劳民伤财的陵墓。如果陛下能够答应这些，我也能含笑九泉了。"

但是，中国历史上最杰出的女性当属女皇帝武则天。她是唐高宗的皇后，公元684年(编者注：原文有误，应为公元683年。)唐高宗驾崩后，在唐中宗成年之前，武后成为摄政王。她实施的是铁腕统治，一边对大量反对者施以酷刑或者处决，一边迫害景教教徒。武后残酷无情、狂热自信。她的反复无常和荒唐奸情使长安蒙受了巨大的耻辱。但是，在武后的统治下，大唐帝国欣欣向荣。她派军队剿灭叛乱，驱逐外蛮。人们对她既畏惧又爱戴，直到今天，人们还常用她为自己取的名号"则天大圣皇帝"称呼她。（编者注：此处有误，"则天大圣皇帝"是武后之子唐中宗为其上的尊号，并非武后自取。）

当今太后慈禧是继武则天之后第一个坐上龙位的女性，中国历史上出现过多次类似事件，这一点在其他国家历史中也能发现。中国历史悠久往复，风俗、制度和观念等方面的亘古不变使其沿着固定的轨迹匀速前行。所以，除了时间和参与者有变化，同样的事情总是一再发生。像武后一样，慈禧太后也是皇帝的遗孀，也是另一位皇帝的监护人。在这个妇女地位极其低下的国度，慈禧太后跟12个世纪前的武则天有一个共识：如果要从根本上实现统治，掌握大权，就必须比其他人更有武力与雄心，当然，也必须更心狠手辣。慈禧太后的敌人企图用推翻武则天的理由推翻她，说她只是一个可怜懦弱的女人，不能在男人掌控一切的时代做统治者。于是她砍掉了所有反对者的脑袋，抄没他们的财产，诛灭了他们的族人，向所有人证明，她的敌人打错了算盘。

作为中国的传统女性，武后和慈禧只有丰富的阅历，而并没有接受过任何教育。她们格外狂热和迷信，武后驱逐了景教徒，而慈禧则始终打压基督徒。但这些举措却帮助慈禧太后像武后那样受到广大老百姓的爱戴，她们被视为传统信念和制度的捍卫者，受到人们的尊重。从古至今,强烈的统治欲就是人类的天性之一。如今,西洋人的态度也正与武后时期相同,面对中国这样一个严重排外的国家,肯定有一些人因不被允许进入中国而大为恼火。在中国的敌人暂时取得胜利期间,慈禧太后自然隐退,带着皇帝和满朝文武前往武则天缔造的光辉之城。中国历史上仅次于武后的伟大女性选择了西安作为帝国的新都城。

尽管慈禧太后是被迫离开北京的,但我不认为这是一次流亡。在北京陷落后36个小时内,不管联军的目的是什么,他们没有骚扰慈禧太后,也没有试图囚禁她。由于外国大使对中国的排外者实行放任主义政策,慈禧太后并不会受到严厉处置。虽然北京进一步沦陷后,慈禧太后和光绪皇帝有可能会被囚禁,在做出一系列承诺后会获得假释,变乱彻底结束后会被最终释放。但事实上,联军的行动并未令慈禧太后及皇帝惊慌失措。1900年8月的一个清晨,他们坐着大车,悄悄出了北京城的北门,联军并未追击。流亡队伍在张家口短暂休整后,决定前往西安。从那时起,流亡就有了掩人耳目的借口:皇帝出巡。沿途每座城市的官员都接到命令,准备接驾。官方的解释是:北京城内众多的洋人令皇帝感觉不快,为了忠于帝国的传统,决定迁都西安。

从尧舜时代起,皇帝在国土上巡行、了解百姓生活情况、祭拜名山庙宇就成为一个惯例。光绪皇帝可以借此提高声望,更受百姓爱戴。在百姓看来,皇帝离开野蛮人的亵渎是一种彰显美德、令人欢欣鼓舞的举动,与其地位极其相称。在这种观念影响下,山西和陕西的百姓都极其重视这次出行。这种被西方人称为“流徙”的观点也传遍了中国内地。我遇到的人里没有人相信慈禧太后是被迫离京的，他们不相信外国联军是实际上的胜利者。他们认为，外国人可能确实反对中国，但他们的计划并未成功，因为中国不可征服。所有的敌人最后都会灰溜溜地滚回老家，并将战利品原封不动地留下。实际上，这就是朝廷决定返回北京之前发生的事情。

800英里行程沿途的每位官员都清楚明白，如果慈禧太后发现某地供给不充裕，那个地方的官员就很有可能掉脑袋。所有官员的幕僚也都认识到，每个人在遵照命令安排迎驾事宜时，如果出现任何一点失误都会被处死。结果，沿途的村庄都开始彻底打扫清理，荒废的公馆重新修缮、装饰，庙宇中的神像也被重塑金身，成百上千的人在维修道路和桥梁，这是成吉思汗时代之后从未有过的举动。那些陪同皇帝流徙的官员聚集在张家口附近的休息地，后面跟着大量仆从和三四个团的士兵。这支小型军队的行李都装在大车上，在皇帝和太后的金色轿辇前方几英里处缓缓前行。

在中国人的观念中，匆匆赶路是极其失礼的。旅行者的地位越高，行程就越缓慢。慈禧太后和光绪皇帝经过每个重要城镇，都要停留24小时以上。他们祭拜庙宇，聆听数以百计的官员禀陈下情。他们绝不会慌张，似乎外国联军在北京的任何举动都不值一提。各地的老百姓也确是这么认为的，因为皇帝与太后的雅兴，他们才巡行西安。时至今日，关于这次流亡，淳朴的农民依然觉得是皇帝与太后将永恒的荣耀赐予了这片古老的土地。

朝廷的队伍从张家口出发向西南行至山西太原，从太原起，这条通往西安的路就是15个月以后我所走的路线。时隔多日，朝廷的行程仍然是旅途中最吸引人的话题。我相信这种状况会一直延续到下一代人。对于一座沉闷乏味的山西小城来说，天子驾临绝对是一件值得永远铭记的事。很多官员都把迎接慈禧太后视为人生中最重大的事情。在较大的城镇，御驾停驻在官府衙门，但在较小的地方，公馆就成为天子的行在。这时候，公馆大门上方都会挂起镌刻有“万岁”字样的牌匾，这是中国人欢迎皇帝的用语。我逐渐习惯了办差人的郑重提醒，说我躺着的砖炕是皇帝曾经睡过的，等等。在未来十几年里，我相信陕西的办差人会一如既往地对旅行者说，“皇上喜欢这种茶”或者“慈禧太后说过，这墙纸很漂亮”。沿途每座城镇都有皇帝的奇闻轶事。虽然这些都是百姓脑海中无限夸大的幻象，却都反映出慈禧太后独裁的性格。优柔寡断的皇帝从未尝试过攫取权力，与慈禧太后雷厉风行的执政措施和在各地引起的恐惧相比，皇帝只不过是一个柔弱的孩子，一个傀儡。

从离开北京时起，慈禧太后似乎就预见到了义和团的最终失败。令官员们惊异的是，慈禧太后对义和团只剩下厌烦和憎恶，沿途所有重新掀起的排外狂潮都被迅速无情地粉碎。在介休，一个义和团成员冲到路边，跪在她的銮驾一侧，大声对她剿灭“洋鬼子”的行为歌功颂德。然而慈禧太后却向一位侍卫示意了一下，侍卫便迅速冲上去砍下了他的脑袋。然后，慈禧太后将介休县令公开斥责了一番，就地将其免职。其实，这位官员竭尽全力在辖区内镇压义和团，还救了一位传教士的性命。但是，这个官员之所以会允许那个义和团成员陈情请愿，只是因为他猜想此举可能会取悦太后。没想到，却被免职。当我访问介休的时候，他仍未官复原职。

据说有个地位崇高的清廷皇室官员对运输行李的车夫堂而皇之地进行“敲诈”，慈禧太后听说后当即宣布，官员腐败是中国所有问题的症结所在，必须让官员们引以为戒，几分钟后，这名官员的脑袋就滚落在了山西大道的尘埃中。我听到的几乎所有关于慈禧太后真正伟大的故事都是以“他的脑袋被砍掉了”而结束。朝廷穿越山陕的行程记录与“爱丽丝漫游仙境”的经历极其相似。但是，正是这些斩首、撤职的做法使得慈禧太后在臣民心中的受欢迎程度越来越高。

最近一系列事件似乎让人们觉得，这位老妇人只是依靠铁腕统治，以激起恐惧来维持她的地位和声望。但摄政者慈禧太后从未像今天这样受人爱戴，可以肯定的是，人们对她的爱戴已经从沿海城市深入到帝国内陆。中国人并不盲目崇拜统治者，人们对慈禧太后的无限忠诚来源于对她性格的敬仰和尊敬，以及对她能力的无限信任。一些年轻的官员也承认她犯过错误，但这只是由于她为了谋求国家的发展和人们的福祉而萌发的强烈热情所致。普通百姓都崇拜她，在百姓看来，她的残暴和过错甚至都是美德。人们相信她拷打和屠杀反对者的唯一目的就是维护“安宁”。慈禧太后所到之处，都会有“安宁”。正因如此，她成了受人拥戴的理想统治者，“祝她万寿无疆！”。

几百年里，西北诸省的总督衙门就矗立在西安城北的一处园林里。这是一座长而低平的古老砖瓦建筑。从皇帝征服新疆地区开始，总督衙门就迁往甘肃兰州，这座曾经的总督衙门随后由继任的陕西巡抚占用。大约20年前，传说这里有鬼怪出没，于是，它被弃置至今，成为老鼠和蝙蝠的乐园。现在，陕西巡抚端方得到通知，说西安将成为帝国的都城，必须找一处殿宇，作为慈禧太后和光绪皇帝御驾亲临时的接待之所。无论中国的鬼怪多么厉害，它们总是不敢骚扰天子和太后的，所以他选定了此处。古老的总督衙门比西安城里任何一处建筑都要庞大，300名工匠将其修缮一新，附近大量的房屋都被征用作为朝廷官员的住所。这些建筑都得以重新改建，周围建起凉亭和棚架。行宫所在区域大约15英亩，由高大的砖墙环绕。显而易见，这是在模仿北京的紫禁城。

在中国人心目中，皇帝居住过的地方是神圣无比的。即使皇帝离开后，驻跸之地也要原封不动保存数月之久。当慈禧太后和光绪皇帝返回北京后，西安行宫即刻关闭，一队士兵驻守于宫门外，由一名官员负责管理，以保证一切都没有改变，每天清晨都要打扫，就像太后和皇帝依然在此居住一样认真仔细。除了偶尔得到许可的高级官员以外，任何没有得到允许的人都严禁进入行宫，否则将受到严惩。郭崇礼先生甚至告诉我，他认为西安城内唯一一处不适合外国人访问的地方就是西安行宫。

我到达西安一周后的一天，晚饭前，我和王翻译出去散步。我们在公共广场转悠了一会儿后，就朝北城门走去。我们并未提前设想任何目的地，只是悠闲地一路漫步。我们所走的街道尽头就是行宫的大门。虽然我以前好几次都曾经过那座大门，但已经放弃了参观行宫的念头。然而在那个特定的下午，当宫门出现在我面前时，我还是无法遏制地涌现出想看看宫门后是什么样子的强烈念头。

两尊伟岸的石狮守卫着大门，或许当哥伦布首航去美洲时，它们就已经拱卫在这里。狮子最近被油漆一新，伸出嘴外的舌头也被涂上金色，看上去更显年轻。但是绚丽的颜色破坏了他们的凶猛神态，看上去就像是采用了爱尔兰色彩的英国狮子，和这里很是不搭调。狮子嘴巴大张，居高临下俯视我们，仿佛在向我们微笑。“试试吧！”我好像听到它们在说话，“很容易的。”我决定听从它们的建议。

“王翻译，”我说，“我们去行宫里面看看吧。”

“我们会被砍头的，”他说，“但是既然您这么说了，那我就敢做。”

我们走过去，向岗亭前的一名士兵出示了名帖，请他向官员通报。这名士兵踌躇半天后拒绝接受我的名帖。这时候，王翻译开始用中国话和他交涉，大声斥责他。每当他想反驳的时候，王翻译就会加快语速，以每分钟1000个字的速度倾泻语言的洪流。渐渐地，这名士兵垂下头，委顿下来，羞愧地注视着地面。王翻译戛然而止，士兵接过名帖，慢腾腾地走进门去。“他现在会照办了，”王翻译说，“我教训了他一顿。”

依照我以前和官员打交道的经验，这种管理闲置行宫的官员应该是一位上了年纪、严肃稳重的人。但是当我看到随着士兵来到门口的年轻官员时，我感到手足无措。他不过二十五六岁年纪，穿着银紫色外衣和灰色官袍，帽扣则清楚地表明了他的官级。我想他一定有着超乎寻常的才能，才让他在这样轻的年纪获得如此成就。我告诉他希望能获允进入行宫参观，以了解一位统治世上最多人口的君王的驻跸之地。“这里是皇帝曾经居住的地方，”他说，“没有人能够进入他曾经住过的地方。不过，请到我的办事房来。”他补充道，“我想和您谈一谈。”我跟着他来到大门里侧的一个小房间里。仆人奉茶的时候，他说道：“我是个外乡人，老家在四川。我在陕西才待了一年。我的家乡是个很美的地方，有高山、瀑布和竹林。”我们谈到彼此故乡的时候，仿佛忘记了一切。他官僚式的僵化与我的含蓄都消失得无影无踪，什么中国人、外国人，官员、旅行者的区别都被抛在脑后，我们只是两个谈论故乡的人。

“每当我想起故乡，”官员说道，“思绪就如乐曲一样缠绵，无法用言语诉说。”他从屋子角落的橱柜里拿出一架古筝，放在桌子上。“在四川的高山之巅，阳光透过竹叶洒落在我的身上。耳边瀑布轰响，白兔嬉戏身侧。那一刻，我内心的喜悦难以抑制。”他的手指在古筝上飞动，黝黑的脸庞上洋溢着喜悦的光芒，眼睛炯炯有神。他弹奏的乐曲起初轻柔，声音逐渐增大、疾速，高音持续了很久，然后渐渐停息。那一刻，他似乎忘记了一切。当他弹奏完毕后，我问道：“您这是即兴演奏吗？”“当然了，”他回答说，“音乐是一个人灵魂的语言，没有人能够理解别人的灵魂。如果我弹奏他人的乐曲，那就不是我的灵魂在诉说，也就算不上是音乐。我在教会的礼拜堂听到过基督徒的演唱，野蛮人的音乐不是灵魂的诉说，那是噪音。”

“在你所说的中国基督徒演唱的歌曲中其实包含很多真理，”我回答说，“但是我认为你推想我们所有的音乐都空洞无物就完全错了。中国人和西方人之间并非只有不同。就音乐而言，我们之间的不同主要来自：对于你们来说很古老的故事对我们来说则是全新的。在过去的100年间，一种新的音乐在西方国度流行起来。声音是虚无缥缈的，每个曲调都有含义，主题才是一切。不管你是否理解其内涵，音乐就是其灵魂的语言。我是一名传统守旧的野蛮人，我非常喜欢被你称之为噪音的音乐，也深深热爱我的故乡，就像你热爱四川一样。”

“古筝至少让你明白我热爱故乡的心情，那你尊重我们的国家吗？”他问道。我给予了十分肯定的回答。他突然从桌前跳起来，对我说：“我为你弹奏乐曲，就是希望音乐能够让你感受到我们对祖国的热爱，以使你能够尊重这个国家。如果你真的能够如此，你也就会明白为什么要尊重皇帝陛下居住过的地方。决定是否放人进入行宫是我的责任，我通常不会允许我的同胞进入，因为他们还认识不到进入统治国家的地方是多么庄严肃穆的事情。由于你是个野蛮人，我们不期待你对行宫能够多么敬仰尊重，所以开始我拒绝了你的请求。但是现在我改变了想法，我想亲自带领你参观行宫，因为你听懂了我刚才演奏的乐曲，你是我的朋友。”那一刻，那种微妙的感觉甚至让我无法表达感激之情。我一时不知道说什么才好，心中所想，无以言表。我将官场礼节忘得干干净净，我握住了他的手，转向正在竭尽全力传译的王翻译，“请告诉他，他说得对，我是个野蛮人。”

行宫的大门与欢愉的石狮

就这样，我有幸成为第一个进入西安行宫的西方人，这位年轻的官员也和我成了极好的朋友。他来公馆拜访我，我也去他的办事房回访过几次。他不仅带领我参观了整个行宫，还向我讲述了许多深宫轶事。虽然他并非有意为之，但我还是认为他讲的那些故事有些夸张。有好几次，我的朋友对我这个野蛮人居然能够理解宫廷争斗与阴谋故事的含义感到十分惊讶。

行宫殿宇以朱红色漆成，屋顶覆盖着褐色琉璃瓦。就像大多数中国上流阶层居住的府邸一样，前门开在中间。这所行宫没有门廊，进门后就是朝堂。屋内房顶很高，天花板呈明黄色，地上铺着红地毯。正对门一张柚木方椅靠着后墙。椅子雕刻得十分精美，上面悬挂着深红色的遮篷。这张椅子正是光绪皇帝接见皇亲贵胄时所坐的座椅。即使现在空着，引领我的这位大人走到跟前时依然带着虔诚的敬意，并且很自然地磕头行礼。左侧厢房是慈禧太后和光绪皇帝每天接见文武百官的地方，狭长的屋子里陈设着一张铺有黄色丝垫的竹椅。官员觐见时，循例先向慈禧太后磕头，她也总是坐在左侧的位子上。除了一些桌椅，这里还摆放着两件从北京带来的法国钟表。虽然它们从来没有准时过，但在皇帝眼里，这个缺点并没有减损其价值。他对钟表喜爱有加，当大臣们向慈禧太后禀奏的时候，他常常凝视着钟表。

慈禧太后和光绪皇帝的居所位于行宫后部，建筑风格和前面大同小异，两侧是很大的厢房。慈禧太后的寝宫位于中间入口的左侧。在改建行宫的最初方案里，慈禧太后的寝宫是位于右侧的，但当她得知这一安排后，勃然大怒，声称要砍了所有设计者和工匠的脑袋。之后，她如愿选择了寝宫才渐渐消气。最终，她选择了本应留给皇帝的更为尊崇的左侧厢房。像从前一样，光绪皇帝屈服了，懦弱地住进了右侧厢房。

两名西安城里厨艺最好的厨师被召来烹制饮食。从一开始，慈禧太后就对陕西的食物大为不满，经常斥责惩罚厨师。一天夜里，厨房着火，被烧为灰烬。这更激起慈禧太后的怒火，下令在行宫的院落里砍掉了厨师的脑袋。

西安行宫里最为别致的地方当属几年前被立为储君的大阿哥的院落。他住在后花园里的一间大屋内，距离朝堂有一段距离。屋子前面是一个人工池塘，里面养着金鱼。一侧厢房是一个长厅，前墙设计巧夺天工，能像屏风一样挪动。盛夏之际，这里是年轻皇子们最喜欢的玩耍之地。他们躺在椅子上，观赏池中的金鱼，一边聊天，一边抽着水烟和鸦片。

大阿哥是端亲王的儿子，他之所以被立为储君，据说是由于他父亲在朝廷中的巨大影响力。在北京的时候，我听说大阿哥随端亲王去了新疆，但事实并非如此。显而易见，储君也加入了流亡朝廷。在这里，他成了年轻皇子的领头人。大阿哥大概19岁，堪称中国“英俊的查理王子”。几乎所有西安人都认为他是18省内最英俊的男孩。但是，作为一名有着皇族血统的满族人，他认为西安的生活非常沉闷乏味，所以他也按照自己的性子随机应变。他出宫从不带随从，经常逗留在外，直到夜里最后一盏灯笼熄灭。这一连串的冒险行为令中国人大为震惊，也为他赢得了“满族的唐璜”的名声。他经常和几个同龄人出没于酒楼饭肆，也曾经喝

荣禄

得醉醺醺的，狂躁不安地被送回。为我导游的官员朋友不厌其烦地告诉我有关储君的故事，慈禧太后对轻佻放荡的大阿哥大为厌恶。太后恼怒的后果体现在一份诏书中，在我抵达西安之前这份诏书就颁布了。

朝廷是在返程时，于开封休整之际，颁布了这份诏书。诏书宣告大阿哥不再是皇位继承人。他被发配新疆与其父亲会合。为了向外国联军邀宠，朝廷宣布陕西巡抚端方阻止义和团屠杀有功，将其调任到更为富裕的湖北省。而一位姓升的官员则被任命为陕西巡抚。某天夜里，大阿哥手下的一群年轻满人在城里肆意妄为，砸毁店铺，制造骚乱。巡抚的衙役逮捕了他们，并将他们投入监牢。清早，他们被带到巡抚面前时，仍然桀骜不驯，无视巡抚的威严。他们声称自己是大清皇族，职衔比巡抚还高得多。升巡抚立即告诉这些年轻人，王子犯法与庶民同罪，然后向他们讲明了其犯下的过错，对其严厉申斥后予以释放，并告诫他们如若再犯，就会被视为普通罪犯加以严惩。这些皇族年轻人急匆匆回到行宫，向慈禧太后告状。但她却再次斥责了他们，并且赞扬巡抚的公正和胆识。

中国的皇帝要在黎明前会见大臣们，这个传统从远古时候就有。大臣的级别越高，被皇帝召见的时间就会越早。在西安，慈禧太后凌晨4点就会召开议事会议。那些低级的官员则在6点到7点之间被召见。陕西的地方巡抚和官员们要等到10点才会得到召见。慈禧太后批阅完每天的奏章，一天的日常事务就算结束了。这些奏章都是由外务部的王文昭、北京的李鸿章和庆亲王一同上奏的。王文昭作为李鸿章的继任者，现在是应对外国列强的全权大使。在西安，他却作为一个友善和蔼的老人受到人们关注。他绝不是一个暴虐的官员，只是一心一意效忠于慈禧太后。

在古老的总督衙门里，有几个被称为义和团领袖的人经常往来，那些外国将军们对他们的下落一无所知。这些人对外国人有着狂热的敌意，这种敌意在西安并不比在北京少。他们请求慈禧太后重新部署，以清除在中国的西方野蛮人。幸运的是，这个统治着中国的古怪女人吸取了以前的教训，现在的她更倾向于听取内阁里温和派的建议。据说荣禄又一次发表了有关洋人要求的演讲，他坚持认为这些洋人全部来自同一个小岛，而现在这个小岛几乎空了，因为大量的居民都已经移居到了中国。为了欺骗中国人，外国人自称来自不同的国家，比如法国、德国或者英国。而他们实际上全部都是同一个民族的，并且说着同一种语言。按照荣禄先生的说法，因为外国人想要伪装自己，所以会养成改变自己国籍的习惯，星期一还是德国人，星期二就变成法国人。

在我们那里，人们基本上都相信中国没有报纸，只是在开埠港口出版一些报刊，而且他们对西方出版物的模仿还很稚嫩。数百年来，每天都会有一份或者多份“邸报”从帝国的都城发出。这些邸报和欧洲或者美国所谓的公告截然不同。这里面除了向官员们传达一般的命令之外，还记录了官府所有官员的行为。它解释每一道命令的缘由，并且评论每一个案例。收集这些邸报就能很好地了解中国发生的事件，所以它是报纸恰当的替代品。但缺陷是上面的很多内容都与死去的人有关。比如“今天某位官员被砍头了，因为他偷取赋税，或者他不忠于朝廷，或者他同情那些叛乱者”等等。这些都是邸报中经常可以看到的短文格式。短文接下来就是这位获罪官员比较简短的讣告，里面介绍了他在何时何地出生，曾经担任过什么官职，以及子孙们的名字。邸报一经发布，就会立即用电报发给各省的巡抚，通过他们在下级的官员中传播。朝廷大臣有权以杂志的形式每个月印刷一期邸报。邸报的封面是黄色的，出售给全国的订阅者。在西安的一些地方，我发现了几份邸报，这些邸报和报纸一样多有折损，也许是因为连夜在本地社会上流传所致。

皇帝抵达西安时，是从东门入城的。所以，他在离开流徙的地方，返回北京时的路线虽然要东出潼关，与来时相同，但他必须从西门出城。中国人认为，皇帝如果从原来的城门返回故都会给国家带来厄运。

对于慈禧太后来说，浩浩荡荡地回銮是一场胜利。她有意用这样一个事实给中国人留下深刻的印象，那就是中国重新凌驾于各国之上。这表示野蛮人已经撤退，不再亵渎都城，中国人能够再一次在满人的城市建立王权。北京的过去被抛在脑后了，数以千计的西安人在路两旁跪倒，他们被获准一睹皇帝的龙颜。乘坐黄色轿子的光绪皇帝走在队伍的前面，慈禧太后紧随其后，再后面是皇后——光绪皇帝的第一夫人。队伍的第四个成员是大阿哥，他乘坐的是一顶紫色的轿子。大阿哥后面是一队嫔妃、王子和朝廷的扈从，以及3000人的御林军。队伍穿过城门，在城墙外巡游一圈后，开始了漫长且缓慢的回銮行程。陕西的升巡抚被授予无上荣耀，指挥着数以百计的行李车走在大队人马的前面，两者之间相距10英里。

皇族的年轻人对升巡抚在西安斥责他们的事怀恨在心，于是策划了一个报复计划。他们贿赂拉拢了一名马夫，让他驱赶一长队驴子，从潼关东面山区的一个十字关口穿入行李车的队伍中，只要能造成他们所期望的混乱，阴谋就成功了。驴子在大车队伍中跑进跑出，惊扰了马匹，翻倒了行李。车队恢复秩序就花了好几个小时，而这时慈禧太后驾临现场，她对行程被耽搁非常震怒，派人召来升巡抚。升巡抚跪倒在她的轿子边上，说这是他生命中最黑暗的时刻，他说如果砍掉自己的脑袋能让君王内心安慰，他愿意马上就从命。他承认发生这样的事是他的责任，但他补充说，他知道驴子穿过车队的原因，那是皇族的年轻人故伎重施。慈禧太后当即宽恕了升巡抚，而迁怒于王子们，并且警告他们，如果行李车队再遇到什么麻烦，她会砍掉几个年轻满人的头。此后，升巡抚和他的车队再没有遇到驴子，而可怜的大阿哥在此后的三周内就被废黜了。

当皇帝快要到达另一座陕西城镇的大门时，他通常都会下轿跪在土地上，直到慈禧太后通过，前往她的衙门或者公馆。在五个月的返程旅途里，中国真正的都城就是这个内心矛盾的老妇人的黄色銮舆。它缓慢地巡行在自己的国土上。

诏令每天都会按时下达，一般都会注明銮舆在该地停留的日期。这些诏令反映出慈禧太后并没有轻松自在地过日子，她脑海中最主要的问题似乎总是“今天要砍掉谁的头？”。

慈禧太后是在所有传教士被逐出几个月之后来到陕西的。教会的礼拜堂被烧毁了，本地的基督徒遭到恐吓。大约有一半人同情义和团，而另一半则强烈地反对他们。持久的干旱使成千上万的人无家可归、生机渺茫。国家处于混乱之际，那些卑鄙无耻的官员们利用自己手中的权力去抢劫和掠夺流离失所的老百姓，向他们征收重税。这个古老的大省自从回民起义以来就一直处于动乱中，人民苦难深重。

慈禧太后离开西安时，义和团运动已经被卓有成效地镇压了。因此传教士能在省内各处放心安全地旅行，在每个地方都能受到以前从没有过的优待。老百姓都回到田间劳作，领头的冒犯者被砍掉脑袋后，官员们的过度“剥削”行为也被遏制住了。

慈禧太后无疑是一个非常恶毒的女人，“中国妖妇”的称谓于她绝对是实至名归。这个词作为她的代称经常出现在传教士的报告里。但是如果我是西安人，用中国人的眼睛审视陕西最近发生的事件，我想我自己也会说“慈禧太后万岁！”

第十五章

陕西的饥荒

据《政治家年鉴》统计，1899年陕西省总人口为8432193人，而在1901年7月以前的三年里，陕西省超过200万人死于旱灾导致的饥荒，占到总人口的20%多。这样的饥荒发生在其他任何国家，都会成为全世界关注的焦点，受灾国也会因此得到西方世界的普遍同情与援助。但陕西在西方所知世界的边缘，发生在这个古老省份的所有事情，西方都无由得知。对于这次饥荒也一样，除了几个英国的传教士募集了一些捐款外，同情灾民并施以援手的就只有美国人了。美国人的赈灾款通过教会总部设在天津的一个传教委员会汇往陕西。

饥荒由干旱引起，任何一个农业地区，连续三年的干旱都会使百姓生活陷入贫困。但是由于陕西的偏远、闭塞，最终导致了致命的饥荒。陕西周围环山，外地的粮食很难运过去，一旦本地存粮耗尽，等待百姓的只有死亡一条路。

陕西的土壤都是多孔易渗的黄土，洒上水后，与黏土相似，只适合种植高粱和玉米。这两种作物是陕西省粮食的主要来源。但陕西植被稀疏，水土保持不力，降雨量减少一点，黄土就会失去黏性，变成干燥的白色粉末，庄稼无法在这样的土壤里存活。所以干旱和饥荒在陕西并不罕见，历朝历代都有旱灾的记载。公元595年，隋文帝杨坚被迫迁都河南，就是因为陕西没有足够的粮食供给。(编者注：原文有误，史实应为公元606年，隋炀帝杨广将都城迁到河南。)

1898年春季的一次降雨后，直到1901年5月，陕西72个县中有63个县滴雨未降。农民储存的粮食很快就吃完了，水井和河流也干涸了，黄河、渭河及其支流几近枯竭。整个农业地区如同一片巨大、干热的沙漠。官府早就意识到干旱饥荒的来临，官员想尽一切办法应对这一危机。请求援助的消息发往全国各地。钱款的援助非常充分，但是粮食少得可怜，富豪们花再多的钱也难以购买到任何食品。1蒲式耳小麦的价格从400文钱升至6000文，馒头120文钱一个，这是平时价格的10倍。

农民对于收成已经绝望，开始涌入西安城。1900—1901年冬，至少30万灾民进入西安城。巡抚担心发生抢粮事件，不允许灾民入城。于是，饥民被迫住在郊区的田野，靠吃树皮草根过活。当我到西安的时候，城外到处是漆黑的窑洞，但是住在里面的男女老少都死光了。根据官方统计，在西安城四郊之一就有13万人死于饥饿。每天清晨，总督的随从都会收集600多具尸体，埋在东门附近的田野里。饥荒还在西安城里引起了疑似霍乱的综合性疾病，城内数以百计的居民因此死亡。

粮食越来越少，很快，西安城郊就有人肉出售。开始还是暗中进行，没过多长时间，用人肉制成的肉丸就成为主食，以相当于每磅4美分的价格公然出售。直到巡抚端方砍了3名做人肉生意的人的脑袋，才刹住了这种买卖之风。

官府成立了一个赈灾委员会，成员包括西安城那些知名的商人和钱庄的老板。他们在西安城郊开设了32所粥厂，救济饥民。赈灾委员会从衙门那里拿到了很多穷困家庭的名单，分别予以救助。大饥荒的三年，委员会掌握的300多万两银子统统来自本国的救助渠道。这些赈灾款是由北京的国库、陕西省赈灾资金及国内其他慈善团体提供的。官府通过出售功名爵位来增加赈灾资金。之所以通过这样一种方法筹钱，是因为官府已经在与遍布全省的饥荒的斗争中山穷水尽了。平时，人们或许可以通过贿赂主考官来获得学位。因为无论你的学位是怎么获得的，都是任命官员最基本的条件。而现在，遵照巡抚的指示，获得陕西省的学位不需要通过考试。不管你是谁，只要给赈灾委员会捐助一定数量的钱财就可以被授予学位。西安城内的情况已经非常糟糕了，乡村的窘迫更加不堪，据说有些村落的村民靠吃狗肉、猫肉和马肉勉强生存，但也只是维持了一段时间就渐渐饿死了。为了购买粮食，农民卖掉了家具和农具，然后是房屋的木料，最后只能卖掉自己的孩子。

想想这是多么凄凉的境况啊！中国农民将所有的爱都倾注在子女身上，被迫卖掉孩子使他们悲痛欲绝，可见饥荒已经将人逼迫到了何等凄惨绝望的境地。中国一直都有儿童买卖的交易存在，且需求远远大于供给。内地城镇里，做家务的丫鬟和妇女一般是没有报酬的，他们是主家的财产，从小就被买过来，直到结婚成家才有可能离开。外国人的商业规则进入中国后，让被买卖的女孩子比奴仆的命运更加凄惨。中国各个地方都有流离失所的父母，亦有染上鸦片瘾的父母，他们的女儿因此被其卖掉。这种交易在一些地方是被公开征税的。

中国先哲孟子说过，“不孝有三，无后为大”。如果一个人没有儿子，那么他就必须买个男孩当作自己的儿子来抚养，这个男孩也要孝敬养父。为了购买男孩，有人愿意支付高昂价格，但与此同时，卖掉自己儿子的父亲也不愿意骨肉分离。且不说爱子情深，每个父亲都希望死后有子嗣到他的坟墓前祭拜。只有在无以为生的饥荒年景，一家之主才会痛下决心，卖掉一两个儿子，避免子女饿死的命运。

陕西饥荒最严重的时候，赶着大车的人就会出现在西安城，他们是专门买卖儿童的投机者。这种生意的中心在西安城，但人贩子也会往返于周边地区。他们从窑洞或从乡村购买的孩子数以百计。一个小男孩的价格大约为2000文钱，小女孩的价格只有男孩的一半。这些被大批量贩卖的孩子们，随后会被散卖到全国各地。

这就是慈禧太后和皇室成员们到达西安城时，古老陕西的凄惨境况。他们的到来令此地的人们恐慌，因为这意味着多出1万多张嘴与他们分食本将罄尽的粮食。但是，慈禧太后这次却给遭受饥馑三年的陕西带来了真正的救济。甫抵西安，她就在西安与中国东南部城市之间构建了一整套官方的漕运体系，运来了大量粮食。过去单靠陕西官府是不可能获得这样的支援的。运来的粮食除了满足皇室与官僚的需要外，剩下的都在市场上销售，用以救济灾民。

慈禧太后亲自调查饥荒情况。她发现，各地捐赠的银两基本上无助于减轻本地百姓的饥饿状况。出于对朝廷官员的了解，她相信很大一部分赈灾款都被那些负责分发的人中饱私囊了。西安城当时流传着一个故事。一天，慈禧太后在议事会上，一手拿十两银子，一手拿一吊铜钱，对她的大臣说："你们猜，这是什么意思？"大臣无言以对。她解释说："银子是给陕西灾民的赈灾款，铜钱是他们实际上得到的数字。"随后，关于赈灾款项的审计工作紧锣密鼓地展开。陕西最知名的三位官员因为贪墨赈灾款被砍掉了脑袋。从此，赈灾款再没有被私吞过。

1901年5月初，陕西终于降雨，久旱逢甘霖，农民可以开始种植庄稼了。一下雨，朝廷便发布诏书，宣称陕西饥荒结束，各省不必再加援助。此时距离粮食收获至少还有五个多月，虽然此前运来的粮食稍微缓解了灾情，但每天的死亡数字仍像以往一样惊人。西安城里可以买到各地运来的粮食，但周边农村的百姓就没那么幸运了。大雨之后不久，郭崇礼先生带来了一笔来自美国的赈灾款。慈禧太后听说他来了，表示愿意竭尽所能帮助他。郭崇礼先生此后的行动获得了陕西官员的全力支持，在很大程度上得归功于慈禧太后对他的赞许。

陕西的律法禁止外国人使用公共建筑物，但当地赈灾委员会将西安城中心的一所大房子交给郭崇礼先生，作为他的办公室和寓所，所以他不用担心没有合适的地方分发赈灾款。在所有外国人都被驱逐出境的那一年里，郭崇礼先生的寓所门口，一直挂着“美国公馆”的牌匾。

郭崇礼先生掌管着数以千计的银两，尽数以中国人的方式，通过中国官方的渠道分发。他以当地赈灾委员会编纂的灾民名册为基础，估算出受灾人数。这一名册交由郭崇礼先生保管。饥荒名册里，依次排列着一个地区需要救济的家庭以及其代表的姓名。丈夫或者父亲的名字总是出现在页面的最顶端，而其他人(比如妻子、孩子)则作为“人口”被提及，不登记名字，只算人数。郭崇礼先生自己雇人核查人口名单的准确性，给每户户主发一张票卷，凭这张票卷领取美国的赈灾款。随后，县里的官员会得到通知，在其辖区内何处分发赈灾款。村长或领头人通知所有持票卷的人，在指定日期集中用票卷换取赈灾款。庙宇和官府衙门通常被选为分发赈灾款之处，它们富有中国特色，并且可以接受外国人到访。

每次县官主持公开分发赈灾款项时，衙役和官兵都会维持秩序。钱粮则由西安赈灾委员会派的代表去支兑。郭崇礼先生亲自指导每一次赈灾款的发放，他要求官员们严格记录每一两分发出去的银子。他总是坚持一个原则：管理赈灾款分发过程的人永远是中国官员。因为这些钱是为中国人民募捐的，理应由中国自己的官员来发放。郭崇礼先生总的来说非常信赖中国人，很尊重他们，当然他们也是从心底里喜欢他。因此在陕西分发美国赈灾款的过程中，中国人对他没有一丁点的排外偏见。

赈灾工作最大的难题是将赈灾款从西安运往分发地，小额的赈灾款是以铜钱串计数的。一吊钱大约相当于7美分，但重量却达4磅，少量的美元换算成铜钱要用两辆骡车来运输。比如，为了给临潼分发800美元的款子，就要动用52辆大车来装运铜钱。也曾经尝试过以当地钱庄的银票作为赈灾款分发，但最后不得不放弃这个办法。因为短时间内兑换如此大量的银票，会引起钱庄的骚乱。

美国的赈灾款只能通过英国人的渠道汇寄到汉口，寄不到西安。所以只能靠汉口一家中国钱庄居中安排，把钱分成几批汇到西安的钱庄，西安的这些钱庄会收取高额的汇兑费用。巡抚李绍棻得知这一情况后，派遣幕僚知会钱庄。巡抚大人得知钱庄罔顾奄奄一息的灾民，从美国人的赈灾款中渔利，感到痛心疾首。于是下令若钱庄不知悔改，继续收取高出普通标准的汇兑费，巡抚大人将严惩他们。钱庄老板们知道巡抚会处死以身犯法者，权衡再三，觉得命比钱重要。在巡抚的幕僚造访之后，钱庄降低了赈灾款的汇兑费用。

我在西安的时候，曾经目睹向灾民发放赈灾款的情景，那些灾民还生活在窑洞中。巡抚指定分发赈灾款的地方是五岳庙，那是城里最大的庙宇。那天早上，我和郭崇礼先生按约好的时间到达五岳庙，庙里挤满了男女老少，至少有3000人。他们的头发纠结在一起，暗淡无光，全都面容憔悴，衣衫褴褛，带着饥民独有的绝望神色。

寺庙的院子被一道很高的栅栏分成两部分，栅栏从一个石台上经过，从院子的一边延伸到另一边。赈灾委员会会长、官员们，还有约50名衙役在石台上等着我们。饥民们被集中在后院，排成一个长队穿过栅栏，依次走过我们面前的桌子。我们给每个灾民分发钱庄的银票，数目从500文到2500文不等。

灾民表现出来的感激之情是我在其他任何地方都未经见过的。当我们把钱交给他们的时候，许多人流下了眼泪。他们在狭窄的通道里下跪磕头，我旁边的师爷认为理所应当，我却宁愿看到他们挺身站立。在我的干涉下，他制止了灾民的磕头行为。发放赈灾款的过程持续了五个小时。当最后一个人领钱离开后，官员们集合列队，单膝跪地向我们敬礼，目送我和郭崇礼先生离开。

在这场救灾活动中，没有民族、国家和信仰之分。接受赈灾款的灾民中有义和团成员、道教徒和穆斯林等，但他们都是中国人，是全人类的一员。在美国赈灾款到达西安之前，可能三分之二的陕西百姓从没听说过美国这个国家。而现在，所有的陕西人都知道了美国这个友好之邦。美国人虽然被他们称为“野蛮人”，但这些“野蛮人”却表现出了难以想象的友好。

第十六章 ———

西安周边景况

三原城在西安以北约30英里处。那里有一座废弃的福音堂。为了了解陕西饥荒的实际情形，我在那里住了五天。我们在一位传教士的陪伴下进入西安平原，在荒野中前行，差不多每隔1/4英里就有一个荒无人烟的村庄。广袤的平原上听不到人声。这些村庄曾经人丁繁盛，因为饥荒，村民皆已饿死。无论是坑洼不平的古道上，还是田野里，都看不到行人，也看不到农民。偶有幸存者，也无不濒死。村庄里看不到一座带屋顶的房子。农民们穷途末路之时，唯一能想到的办法，就是卖掉自己的房子。

除了废弃的村落，平原上仅剩的东西就是零星散于滩地的土冢。这些土冢是人为建造的，但建于何时，以及建造的目的，都不得而知。土冢呈金字塔形，由黏土建成，黏土显然与黄土高原上的土壤并不相同。随着岁月流逝、环境变迁，土冢的大部分轮廓已经湮没，好在基本外形尚且可以分辨。土冢是方形金字塔状，高约80英尺，四条基线长度相等，大概都在300英尺左右。从西

西安平原上的一座“金字塔”

安到三原的路是正南北向，这些金字塔总有一个面对着我们，我们从没正对过任何一个角。在超过10平方英里的区域内，任意两个金字塔对应的面总是朝着同一个方向。虽然我没有精确测量其角度，但我坚信，这些金字塔基线相交绘成的直线将会指向东西南北四个方向。

中国传统文化对于死亡有着本能的畏惧。中国人认为死者是不容侵犯的。因此，土冢受到了周边农民很好的保护。饥荒三年，可用于耕种的土地皆被开垦，但没人敢打土冢的主意。土冢被农家视为神秘之物。农民们认为如果有人胆敢挖掘，将会厄运缠身。据当地人讲，这些土冢是过去某个朝代的皇帝陵墓。中国皇帝驾崩后，不仅他的尸体要下葬，他周边活着的人也要陪葬。因此帝陵通常规模宏大，在皇帝还活着的时候即开始兴建。帝陵在中国各地多有，大都位于当时都城的周围。

当地人的解释虽有理有据，但并不能说服我。据我了解，中国人崇拜祖先，儒家也很注重礼仪，古籍中对先贤和帝王的事迹记载很翔实。如果这些土冢真是皇帝的陵墓，那么在古籍中一定有所记载。与陕西其他帝陵对比，土冢的形状显然是不一样的。帝陵通常是一个规模很大的椭圆形土堆，仿佛一座天然的山丘。金字塔这种形状从未用于中国的帝陵，金字塔在中国毕竟是罕见的。

关于土冢，我听到的最合理的解释来自一位西安的学者。他告诉我，中国历史上有一段时间特别流行祭祀，那些土冢很可能是原始宗教的祭坛。公元前551年，唯一的真神天帝在中国受到所有民众的崇拜。因为历史悠久，陕西较其他地方保存了更多的

渭河峡谷：古代灌溉渠道

原始信仰遗迹。这些无名金字塔会不会是古代民众信仰的遗迹？这一信仰似乎与中亚民族起源于同时，会不会是埃及金字塔的具体体现？寻求此类问题的答案不是我的初衷。中国古代遗迹中有许多未解之谜，虽然研究它们可以大大增加对世界的认知，但这要经过漫长的时间。直到中国在西方人的认知里，不仅仅是“黄祸”“宣教区”“鸦片贸易市场”的时候，这些谜团才会被认真对待。

从西安到三原要两次渡过渭河，一次乘船，一次徒步涉水。渭河河道在进入西安之前非常狭窄，激流在河床上冲出深深的鸿沟，在峡谷中奔流，泡沫四溅。激流看上去很危险，仿佛随时都会将渡河的人吞没。但我们涉水处，河水只有几英尺深，一度被用来灌溉周边的田野。

渭北以盛产棉花著称。田野里随处可见枯萎的棉花作物。三原周边20英里范围内，只有12位幸存的农民未受饥荒影响，他们那个村庄有近100人，都是棉纺织者。大旱之初，12位幸存者就迁去了南方，饥荒结束后，他们才返回家园。头人家有两间屋子，一间存放织机。他从早到晚劳作，为批发商织造布匹，一天的收入大概有19美分。他的家里有妻子，还有5岁的儿子。一家人很幸福，对逃过此次饥荒深感欣慰。

织机的线轴来自美国，这是赈灾款之外，中美之间最主要的纽带。头人告诉我，美国棉线比陕西的要好，且价格相当。他以为美国是一个距离中国很近的小岛。当我告诉他，生产棉线的国家离西安有18000里那么远，他表示怀疑，摇着头说：“倘若棉线要经过这么远的距离运来，那它要更贵一些才是。”

三原饥荒同西安一样持续了三年。三原是一座5万人的富庶城镇，饥荒中饿死了3万人。我们到三原时，三原城只剩下不到两万人在苦苦支撑。饥荒刚开始时，周边城镇的百姓都涌向三原，他们原以为城里会有食物，不想还是饿死在了城里。饿死的人被统一葬在城墙外侧的堤岸上。堤岸边聚集了许多以死尸为食的野狗。死者虽已下葬，但大量的死者并不能像往常一样被妥善安葬，尸体上仅仅覆盖着一层薄薄的黄土，很容易被饥饿的野狗挖出来作为食物。

不知道出于什么原因，中国人比世界上其他民族更能忍受苦难。也许是因为他们长期生活在苦难中，也许是因为他们对繁衍生息过分执着，灾荒没过多久，他们便忘得一干二净。也许，忘记痛苦和悲伤正是他们寻求平静的方式。三原的饥荒很快在人们的脑海里消失。当我同三原人谈起饥荒时，他们满不在乎，好像饥荒发生在别的地方一样。

三原是华北地区的棉花贸易中心。中国人口超过3亿，而其中90%的人都穿棉布衣服。打好的棉布包，由驼队运往甘肃、新疆和内蒙古。陕西饥荒似乎对棉布商人并无影响，他们照常做生意。仓库里装满美国和英国制造的大包棉布，只要有订单，他们随时可以开始工作。

一天下午，我和王翻译站在城墙外的大路上眺望堤防，一列载着棉布大包的驼队从我们身边经过，向南门走去。王翻译指着棉布包上的标签说："看，棉包上有英文标识！"标识显示，棉花来自马萨诸塞州的瀑布河，驼队将它们载来三原。我相信，全世界看到这一景象的白人不会超过6个。

第十七章 ———

陕西的碑刻

在中国，刻字的花岗岩石碑随处可见，随便一块石碑都比西方人想象得老，多数刻于《独立宣言》签署以前。有记述过去两个朝代官员德行的石碑；也有记事碑，或者记述历史事件反映的道理，或者记述杰出帝王的丰功伟绩，又或者记述当地的名胜古迹。立碑是中国特有的风俗，很受官方钟爱。为前人立一块永垂不朽的石碑，是中国祖先崇拜最常见的形式。

中国的碑文矫饰而沉闷。石碑记录公共事务，也传播思想精华。西方人喜欢用漫画讽刺古老的黄种人。一旦黄种人中产生伟大的思想家，中国人就会对其思想反复思考并加以总结。如果这种思想经得起检验，那么传承这种思想便成为研究者的毕生目标。在过去，传承思想的最佳途径，就是将其镌刻在石碑上。它可能是一句警语或是一首诗，有时候也可能会是花朵或圣人的面孔。

陕西的碑刻似乎拥有一种奇妙的魔力。它们就像强大的火焰，被压抑在中国恬淡宁静的面具下，火焰的力量始终潜伏在中国人

碑刻

的天性中。终有一天，这些火焰将会带着耀眼的光辉喷薄而出，震惊世界。有些碑刻可以用墨汁涂刷，再拿宣纸条幅覆盖在上面，用布包轻轻敲打，做成拓片。拓片可以作为商品出售。在穿越陕西的旅行中，我在很多地方购买了拓片。

1368年，洪武皇帝朱元璋创立了大明王朝。他曾经梦见神圣的华山。后来，为了完成梦中的仪式，朱元璋决定祭拜华山。为此，他开辟了通往山顶的道路。据说，朱元璋是中国历史上最坚韧奋发的人物。他推翻了忽必烈汗创建的元朝，打破了蒙古人的统治，征服了高丽和缅甸。他总是从自己的梦境里得到启示，《华岳图》是他最难以磨灭的梦境记忆。于是，他下令将《华岳图》刻在山麓寺院里的石碑上。图中白色虚线是上山的道路，山路上的人物是身着朝圣服装的洪武皇帝；白色的点是一只野兔的行进路线，在洪武皇帝的梦中，这只野兔是他朝圣的向导。图画四周刻着他对这次经历的描述：

> 猗，西岳之高也哉！吾梦而往，去山近将百里，忽睹穿雪抵汉，岩崖灿烂而五光。正遥望间，不知其所以。俄而已升峰顶，略少俯视，见群峦迭嶂，拱护周回，苍松森森，遮岩映谷，朱崖突兀而凌空。其豺狼野鸟，黄猿狡兔，略不见其踪。悄然洁净，荡荡乎峦峰。吾将周游岳顶，忽白鹤之来双，蓦异香之缭绕，管弦丝竹之声，杂然而来，意试仰观，见河汉之辉辉，星辰已布吾之左右。少时，一神跽言曰："慎哉！上帝咫尺。"既听斯言，方知西岳之高，柱天之势如此。如是乎诚惶诚恐，稽首顿首。

华阴庙的另一通碑刻上，一位谢姓将军挥笔写下一个“福”字，这个字已经有几百年的历史了。中国人对字的观念与西方人不同。在中国，写字的人挥毫之时，也在思考反省，完全不同于美国人用花式字体书写自己名字时的心情。汉字书写者不仅仅在写字，更是用笔墨诠释自己的精神世界，根据意境随机选择汉字，尽可能使自己进入忘我的状态，然后再落笔。我曾见过一个中国人，静坐了几个小时，突然来了灵感，信笔在褐色的纸张上游走。也许一个书法家一生中很少能写出自己满意的字，一旦这个字使他满意，那就意味着他的精神境界在这个字中得到充分展示。我眼前这个“福”字就属于这种情况。看得出来，刻这个碑的刻工非常认真，在镌刻时力求保持字的原始笔迹。谢将军的朋友许国栋很欣赏这个字，在石碑一角刻下了自己的赞美之辞：

> 谢将军以愉快的心情写下福字，给予它如此丰富的内涵，因而，我觉得应当将其刻在石碑上，以便为他人也带来快乐。——许国栋

陈抟所立之碑上的“福”字，由“口”“田”以及一个代表神灵保佑的字组成，阐释了“福”字的另一内涵。

西安城东南角有一处园林，以收藏古老石碑闻名于世，那就是西安碑林。很多碑刻汉朝时已经矗立在那里，也有一些在其他地方发现的石碑，为了方便观赏被转移了过来。碑林是什么时候建成的，可能也要追溯到传说时代。西安碑林共有六个碑廊，每个约500英尺长。这里有不同类型、不同内容的碑刻，一块挨着一块排列。北京的“明堂”受西安碑林的启发，也收藏石碑，不过仅

谢将军的"福"字

神佑的“福”字

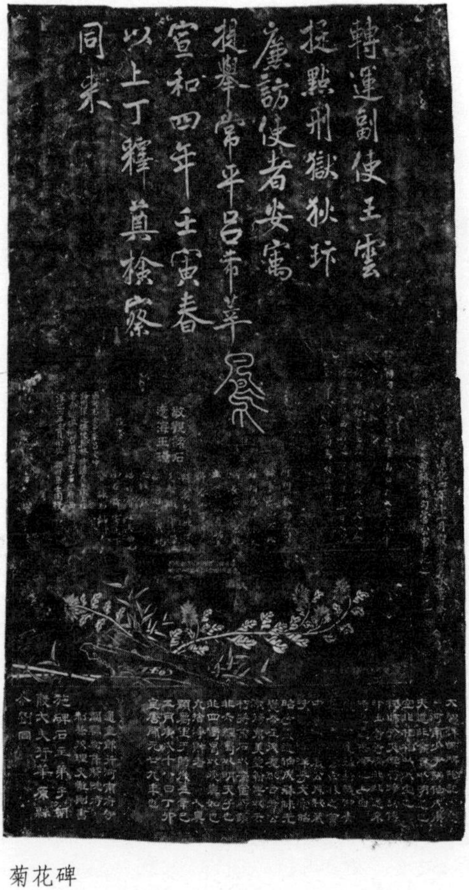

菊花碑

限于各类纪念人物的石碑。西安碑林没有限定必须要收藏哪一类石碑，这里保存着从伏羲时代一直到唐代的碑刻，有王侯将相的，也有古代圣贤的。具有特别价值的石碑才能在西安碑林占据一席之地，像世界名画被选入国家展览馆一样。

西安碑林的镇馆之宝是原始的儒家十三经。它们曾经构成了国子监的图书馆。国子监现在仍然存在，不过已衰败颓朽。千百年前，中国所有的知识和智慧都汇集于儒家经典之中，而这些儒家经典都镌刻在矗立于碑林的石碑上。秦始皇时代，所有能搜集到的儒家经典皆被焚毁。为了防止灾难再度发生，人们选择了石碑这种载体，希望经典可以永久流传。国子监因为地位重要，一直处于皇帝的庇护之下。北京成为国都后，国子监也迁了过去。北京国子监模仿西安碑林，在前面的石柱上也刻下了儒家的十三经。

一天下午，我和王翻译决定参观碑林，找了一个和尚当导游。很多游客和学子在这里阅读碑文，他们的言谈举止得体有度，说话时刻意压低声音，行动尽可能不影响别人。虽然我对这些碑刻一无所知，但很容易理解石碑激发的恬淡宁静，也感受到古老的碑刻中所蕴含的庄重和高贵，这种气质使陈腐的评论显得特别刺耳。

我在碑林旁边的店家买了几张特别吸引我的碑刻拓片。和人一般高的长方形石碑上都会有一系列冗长的谚语，比如说：

真理不囿于言辞，言辞可揭示真理。

或者：

空间虽无形态，但形态展示空间。

还有一座碑刻中间刻画着一丛菊花和竹子。尽管在粗糙的石

达摩碑

头表面刻绘花瓣极其困难，但并不影响这座石碑上刻绘的图案精致的线条，美轮美奂的菊花让观者不禁发出赞美之词：

刻绘之佳，无异真花，
花瓣之白，堪比瑞雪，
芬芳之气，沁人心脾。

这座碑的作者是来自古豳州的张太和，想必在那个年代已非常有名，几位观览者几乎都是官员。他们在石碑顶端刻下了名讳和寻访这座碑的经过。碑上的日期表明碑是在公元679年，也就是唐高宗仪凤四年竖立于此的。唐高宗是武后的丈夫，那段时期正是武后在长安掌权的时候。当我观赏来自1200年前，盛开的白色鲜花拓片时，我相信，正是武后命人在石碑上刻下鲜花。在我看来，女人比男人更加热衷于鲜花，它一定是位女性的作品。武后，就像当今的慈禧太后一样，虽然被人们认为是女皇和“妖妇”，权力胜过男人，但依然是个女人。

西安碑林里还有一座刻绘着佛陀达摩的石碑。按照中国人的佛教观念，达摩是坐在光环上而不是将其顶在头上的。在这座肖像作品里，达摩凝视着膝盖上的香钵，处于冥想状态。碑文写道：

佛陀达摩之原像，昔由画工敬绘成图，然纸墨无法……抵岁月之蚀。故吾等刻绘于碑。

此碑以疯颠和尚绘制的达摩像为蓝本。石碑成功还原了达摩衣服的轮廓和袖子的褶皱，与脸部线条完美相衬。我相信疯颠和尚从未研习过“印象派”头发的画法，巧合的是，达摩的卷发全部绘成了一系列交织的圆圈。

大秦景教流行中国碑(局部)

大秦景教流行中国碑上幸存的十字架

大秦景教流行中国碑(局部)

无论从哪方面看，报道中被称为“大秦景教流行中国碑”的花岗岩石碑都是西安唯一吸引西方世界关注的东西。景教碑自300年前被发现起，便是伏尔泰、雷南、古伯察、里雅各等人参与讨论的热门话题。景教碑的发掘证明基督教在中国并非新生事物，早在公元635年，基督教已经进入中国。传教士们坚定地捍卫景教碑的真实性，反对某些古物研究者对景教碑真实性的质疑。最近，里雅各和伟烈亚力的研究否定了所有貌似合理的怀疑，确认中国学者一直把景教碑视为中国第一个基督教传教团的真实记录。不过，通过对这通碑刻的考察，我认为有学识的传教士或者写作相关论著的学者们都没有造访过它。

曾德昭是罗马天主教在中国和日本副省的负责人，他写过《中国通史》，这本书最早提到景教碑。书中详细记录了1652年西安工匠在挖地基时发现该碑的过程。陕西巡抚“将景教碑放在一个小拱券下，石碑底下是一块平整的碑座，拱券的两端皆有柱子支撑”。古伯察则称景教碑上建了一座塔，而韦廉臣在《华北行记》中提到景教碑被镶嵌在一堵墙壁里。这些记述对于了解碑刻的当前状况毫无价值。在我看来，景教碑位于西安城西门外1英里处。在西安，任何人只要愿意走进田野，都可以看到它。

田野深处有一座废弃的小道观，道观前的空地上散布着陈旧的砖堆和破碎的石柱。或许，这里就是景教大教堂的遗址。在遗址中间，矗立着三通并列的石碑。它们毫无防护措施，只是按照中国碑刻的形式，安放在石赑屃上。两边的石碑只是普通的官员纪念碑，中间的石碑最为高大，顶端刻着希腊十字架，即是大秦景教碑。十字架下有三列简短的汉字，构成碑文标题：“石碑上的颂扬之辞和开端之介绍，是为了纪念景教在中国的传播”。随后的大部分碑文都是中文，偶尔穿插一些叙利亚文字撰写的增补段落。在有关基督教教义和基督降生的长篇叙述后，碑文开始讲述传教士来到大唐的经过。唐太宗统治时期，一位“德高望重”的传教士阿罗本从叙利亚来到长安。他带来了“真经”，并向唐太宗讲解。唐太宗因此颁布了一道圣旨，开头称“诸教虽多同名，圣人却个性迥异”。这道圣旨宣布阿罗本的“宗教”“有益于所有生灵，对人类有大益处”。

按照碑文所述，唐高宗时期是基督教在中国最为兴盛的时期，甚至可以推测皇帝也是基督教的皈依者，“他下旨在各府州县建立景教寺院”。碑文省略了武后对景教的迫害。武后执政时期大力发展佛教，“佛教徒利用其力量，使其呼声可以上达天听”。所以“一些低级官员大肆嘲笑景教徒，诽谤、诋毁他们”。在8世纪的继任帝王统治时期，新宗教取得了极大的发展，陕西很多人都成为基督徒。碑文用极其夸张的赞美言词，讲述了唐宪宗(780—783)时期，(编者注：原文有误，按唐代帝王纪年，此处唐宪宗应为唐德宗。)一位来自印度的佛教徒大臣易思受洗礼皈依基督教的故事。

虽然在西安很容易购买到拓片，但是由于中国的古物研究者极力保护景教碑，包括十字架在内的整碑拓片并不是随处有售，所以我不得不专门雇人制作了这张拓片。我连景教碑碑身侧面的小碑铭也做了拓片。就我所见，对于该碑有过深入研究的学者都没注意到侧面的碑铭。这处后来补刻的碑文内容如下：“后一千七十九年，咸丰己未，武林韩泰华来观，幸字画完整，重造碑亭覆焉。惜故友吴子苾方伯不及同游也，为怅然久之。”咸丰皇帝是当时中国的统治者，1851—1862年在位。(编者注：原文有误。咸丰帝在位时间应为1850—1861年。)在此期间，景教碑矗立在碑亭之中。1866年威廉臣访问西安时看到该碑已经位于围墙内了。在韩泰华的碑亭建造以前，景教碑碑文中还提到过一个更早的碑亭。

怀疑景教碑真实性最常见的问题是，景教到底遭遇了什么？信徒、3000名僧侣和寺院突然消失，在中国宗教史上形成了诸多未解之谜。纵观唐代历史，或许公元841年唐武宗颁布的一道圣旨可以解释：“关于外国宗教，让教导它们的人，以及大秦的人……重新回复平常的生活方式，禁止传播他们空洞无物的说教。”由于圣旨的颁布，景教的命运很容易推测。如同许多源自外国的新鲜事物一样，景教在与陕西传统的保守主义斗争时，通通消融在了历史中。在政府的禁令下，景教徒重新做回普通百姓，而“景教”也终于消失在汉文化里。

但是，碑刻上的十字架却有幸保存了下来。

第十八章

穿越秦岭

11月的最后一周，我和郭崇礼先生从西安出发，踏上返程。此时的华北正值寒冬，我们无法原路返回。唯一可行的路线是沿汉江直下，前往600英里外的汉口。与汉江通航最近的港口是龙驹寨，离西安120英里，要在马背上颠簸七天才能抵达。我急着赶回上海处理紧急的事情，但郭崇礼先生还有几天才能完成西安的事务，没办法，我们只有尝试用五天时间走完平时七天的路程。

县令调派六名士兵组成了我们的卫队，王翻译先我们两天出发，带着三头骡子驮着行李去向龙驹寨，在那里等候我们。为了轻装上阵加快脚程，我们只带了两罐牛肉、几桶浓缩牛奶以及三块巧克力作为必需的食物。白天，我们尽可能地赶路，傍晚就投宿在乡村客栈中。与我们同行的队伍里，有一位西安本地的学者，曾经被陕西巡抚派往上海学习西方的教育方法。在我离开的前一天晚上，与我交好的行宫官员来跟我道别："有一天，我会去拜访野蛮人的国家，如果可以，我会去看望你的。"在他心里，中国以

汉江峡谷

外所有的国家加起来也没陕西大。即便如此，他在我心里依然是一个非常好的朋友。我衷心希望他能等到我们重逢的那一天，希望在等待期间他的脑袋不会被慈禧太后莫名其妙地砍掉。

清晨，在凛冽的北风中，我们从"美国公馆"出发，沿着石砌的道路穿过南门，向东南方奔驰而去。白色的道路延伸到地平线边缘，那里是巍峨的秦岭山脉，形成西安平原的南部屏障。高山顶上终年覆盖着皑皑白雪，在清晨阳光的照射下熠熠生辉。

秦岭山脉是中国南北方的分水岭，汉江发源其中。我们此行将沿汉江直下，抵达长江，再顺着长江前往沿海地区。出西安城不久，便看到一队骑兵在路边等候。当我们走近时，士兵下马向我们敬礼。中年军官跪在尘土中向我们行礼，然后抓住郭崇礼先生的马镫。他们是受陕西巡抚李绍棻的派遣，前来感谢"西安府传教士"在陕西为救灾所做的一切。

离开西安行进1小时左右，我们经过一座小庙，庙门口题字：伏羲诞生处。一名士兵若无其事地指给我看。那神情仿佛觉得，伏羲所在的时代比华盛顿的时代更靠近当下。

黄昏时分，我们终于抵达蓝田县。落脚客栈不久，便有两位官员来访，一位是蓝田县令，另一位来自10英里外的一个县城。官员来访大概是因为几天前颁布的一道诏令，命令陕西所有官员在辖区学校内引入"新学"课程，包括世界各国地理和历史。其实在此之前，"新学是否要加入学校课程"的议题已经在朝廷中争论了好几年，慈禧太后直到最近还在强烈反对。不过或许是为了抚慰传教士，又或是为了平息外国公使的怒气，慈禧太后最终还是发布了引入“新学”的诏令。

引入新学的诏令几乎在陕西引起了一场恐慌，官员们曾经以各种方式反对新学。这两位官员来访的目的就是与郭崇礼先生商讨推广新学的最佳途径。郭崇礼先生许诺给两位官员寄送一些适于中国儿童使用的地理和历史教材，不过他们委婉地拒绝了这一好意。他们认为外国人的书籍不像中国书籍的文章那样严格依照文法书写，因此会出现许多问题，不适合中国孩子阅读。“况且，”官员们说道，“新学书籍并不能教给我们什么。皇上诏令我们必须在学校教授有关外国的知识，我们必须遵旨。但是，作为官员和绅士，我们并不喜欢这样做。”来自县城的这两位官员的态度，明显地反映出中国内地人们在接受“教育觉醒”时的情绪。

向秦岭进发的行程并不困难，地面没有太多起伏，只是道路越来越窄，到最后，成为一条仅容一匹马通行的小路，紧接着，突然向上急急地折过去。我们行进了大约15分钟，马匹开始口吐白沫，大口喘息。每当我们遇到特别陡峭的山坡时，为了减轻马的负担，也为了能够顺利爬过山路，我们都从马上下来，牢牢抓住马尾，排成单列爬上山坡。这种行进方式我们每天都要使用很多次。事实上，穿越秦岭的旅行可以描述为透过马尾看中国。

为了旅行方便，认知马匹状态的好坏是必须的。中国马似乎有一种神奇的能力，平时稍微受到刺激就会闹腾、尥蹶子，但当行走在非常崎岖、陡峭的山路上时，抓住马尾总是安全的。在面对危险时，马和人一样有清晰的认知，这种时候它不会有任何反抗行为，直到危险度过，抵达平地，它才会闹腾起来。带队先锋通常是一支队伍的队长，当队伍排成单列在崎岖的山路上前行时，每个人都非常依赖他。当队长走到一处临时的喘息地时，他会冲天大喊一声，然后放开马尾。其余人立即效仿他，并且与前面的马匹步调保持一致。当马匹一只接一只到达平地后，就开始踢腾、尥蹶子，喧闹一阵后重新平静下来，准备下一次攀爬。

从秦岭的山峰上眺望西安平原，这座古老的城市便浓缩成一幅巨大的地图。白色的道路在地图上交错成线，线条两侧点缀着黄色的村落。古老的渭河穿越西安平原，蜿蜒向北，在潼关汇入黄河。在西安城的西北方，灰色的城墙和村落在蓝色的天空布景下勾勒出高低不平的轮廓。自5000年前帝国的祖先伏羲在这块黄土平原迈下第一步起，人们就在上面繁衍生息了。他们全都是黄种人，全是“汉人”。对于西方人而言，这里迄今仍是一片神秘的土地。

当我们进入陕南山区时，村庄越来越少。离开蓝田后，就再也没见过村庄，城镇之间只剩几户零散的农舍。旅行的第二天，连农舍也消失了，时常一连几个小时，队伍都在孤独中前行。唯一打破秦岭寂静、让人欣慰的声音就是逐渐靠近的商队铃声。荒野中并无树木，仅有粗糙的草丛覆盖地面。这里没有松涛，没有河流，没有鸟鸣，空中只见几群飞翔的乌鸦，单调的山岭使这一地区的景观减色不少。

山路上会遇见很多赤脚的挑夫，偶尔也会碰见运输木材的队伍。木材以大写字母“A”的形式捆扎在一起，搬木工扛着沉重的木材在山坡上艰难行进。在人迹罕至、官府照料不到的地方，有几伙土匪出没，靠抢劫为生。因为有这些强盗，旅行者都是结伴而行。在这里，骡队也不敢在夜晚行走，骡夫们都佩带着腰刀。路边几排房屋形成了秦岭山路上仅有的县城，县城里总共二三百的居民，全靠为往来旅人提供食宿赚取生活所需。

城镇里最重要的建筑恐怕要属客栈了。客栈是本地最高大的建筑，但是喧闹肮脏。中国赶骡人好像不需要太多睡眠，他们通常会在晚饭后聚在一起玩骨牌之类的赌博游戏，直到半夜。第二天商队起程时，赶骡人一般只睡了不到4个小时，不过睡眠短暂似乎并未对他们产生影响，他们依旧兴高采烈，已经准备好进行下一个12小时的艰苦旅程。我们每天在日出前一个小时出发，出房门时尽可能避免发出大的声响，要从睡在庭院里的赶骡人身体上跨过去。

每日晨光初现，我们便起程出发，午饭通常在农舍解决，在农家买点米和几个鸡蛋，自井中汲水烧开，为每个人冲杯巧克力。长时间赶路令我们身心俱疲，但也不敢长时间休息。因为担心关节的酸痛感变得明显，会妨碍下午赶路，所以我们的午饭吃得很快。每天最惬意的事是喝两杯热茶，吃一碗饭或一些牛肉罐头，然后钻进羊皮袋在肮脏的屋子里闷头大睡。

客栈老板依当地风俗，眉飞色舞地向住客讲述本地传奇故事，比如山中的狼群与老虎如何肆无忌惮。猛兽是故事里最常见的主角，其中最引人注目的无疑是狼。我听到许多狼的故事，狼如何进村叼走小孩，如何袭击商旅，如何潜入寺庙，躲在神像背后觊觎朝觐的香客。这些狼似乎有着人一样的智商，但我从未听说狼在客栈里觅食，客栈老板从来不把故事场景设定在自己的客栈里。似乎陕西的狼不止胆大包天，而且聪明异常，和人一样知道客栈是多么的糟糕。

幸运的是，我从未在秦岭碰见过野狼。农家看门的狼狗和狼有几分类似，灰褐色的毛皮，鼻子突出，尾巴粗壮。它们总是三五成群地向我扑来。狼狗看上去忠诚而凶猛，但当你真正和它们相处，就会发觉其性格与狼截然不同，它们质朴、友好，经常在我腿边蹭来蹭去，丝毫不像它们的主人那样对外国人充满天然的偏见。

第三天，我们偶然路过一座不起眼的小庙。小庙旁有一眼泉水，一条小溪从这里流向下游的山坡。这或许就是汉江源头之一，我们到了黄河与长江的分水岭。庙的一侧，所有河流都向北流入黄河，而另一侧的河流则向南流入长江。石拱门一侧刻着“此处分水”，可以看到泉眼流出的水蜿蜒而去，在山脚下与其他两条河汇合，成为一条大河。这条大河穿过峡谷，开始新的旅程。我们之后的路线就是沿着这条河前行。

向峡谷行进越深，风光便越惊艳。我们时不时看到一条小瀑布自悬崖上直直坠入深潭激起白色的浪花。路是在岩壁上开凿的，再铺上石头拓宽一些，没有任何安全设施。沿着河流上方6英尺宽的峡谷边缘的小道骑行，是最遭罪的旅程，好在只要端坐在马背上，就不会有什么危险。山道狭窄，不允许两头牲畜同时通过，这大大增加了通行难度。每当其他队伍靠近，队伍中的骡子总会吓得马匹畏缩不前或径直冲过去，像是充满跳下悬崖的强烈愿望。

一天下午，我们小心翼翼地沿着峭壁缓慢通行，突然听到骡

作为农舍的洞穴

队“嘚嘚”的声音。一支队伍正绕过山脚另一侧朝我们走近。我们的卫队长当即下令，每个人都将马紧靠在岩壁上，站在路的内侧。一分钟后，骡队从山的拐角处出现。骡队走在路的外侧，我们以一队骡子为屏障，缓慢向前移动。骡队很长，有几头骡子试图用后蹄踢我们，卫兵们马上抡起鞭子以示警告。对我而言，这真是一次难忘的经历。我非常庆幸自己能够安全通过，没有掉进奔腾汹涌的激流中。

事后，通过郭崇礼先生的翻译，我向卫队长表达了钦佩之情，佩服他在危险关头保持冷静。他对我笑笑，说：“骑行时，只要马完全听话，就不会有危险。”这些士兵的月薪约为3美元，饮食是米饭和茶。他们滑稽有趣，性情和外国少尉消遣娱乐的对象相似。我的判断是非军事的。我相信，假如他们能接受英国士兵一半的训练量，其成绩肯定会让那些佩戴维多利亚十字勋章和黑鹰奖章的人刮目相看。

商州是汉江边的一座古城镇，管辖着西安到豫陕交界的大片区域。商州南55英里处，有许多条小道，这些小道皆通往巨大的洞穴。每逢战乱，当地百姓便沿着这些仅容一人通过的小道，躲进洞穴里。洞穴都在山脉最陡峭的地方，看似无路可通，我不知道难民是如何进去的。在俯瞰汉江的崖壁上，这样的洞口有15个之多。一名士兵说，这些洞穴都是回民起义期间开凿的。

挖洞是陕西人的一大喜好。在一些大的村庄，山坡上的洞穴常用作谷仓和仓库。在三原一带，还有些人家挖洞居住。这些洞有时被分为好几个房间，光线从洞口进入，照亮整个房间。但秦

秦岭山中的避难洞

岭的避难洞是我见过的最奇怪的居住习俗。返程仓促，我无暇考察这些洞穴。但对陕南洞穴的考察很可能有助于破解美国崖居者遗迹的某些谜团。

离开西安的第五日傍晚，我们抵达龙驹寨。我们声音嘶哑，风尘仆仆，马匹也汗流浃背、精神萎靡。忍着浑身酸疼，我来到客栈门前。在这里，我见到了王翻译，他只比我早到1个小时。在穿越秦岭的旅行中，他擦伤了膝盖，现在只能跛行。虽然他的衣服上满是尘土，辫子也散乱着，但还是从行李中取出了我的剃须工具。

王翻译把剃刀递给我，说："五天来，您的胡子长长了。"我对他的周到表示感谢："你比我憔悴得多。把你的辫子编好，再休息一会儿吧。"他带着中国人的笑容说："这不合礼数，先生。辫子是中国的，可以耐心等待。但胡须是欧洲的，可不能等，得尽快刮掉。"

第十九章

汉江上

从龙驹寨下行100英里即达汉江。汉江水深不过2英尺，浅处只有5英寸，江底沙石清晰可见。这样的江水在任何民族看来都是不宜于通航的，只有中国人例外。通过汉江水路运货非常便捷。也许其他民族会开挖河道，但中国人不。在中国人的观念里，河流深度是不可以改变的，但可以改变船来适应河流。

汉江船与常见的舢板不同，外形上更接近印第安人的船，两头尖尖，船首船尾在船舷上以修长而弯曲的弧线伸展。汉江船没有龙骨，但船舷到船底中心线呈一个斜面，船底宽度不超过4英寸，这样的形状保证了船只在行驶过程中的稳定性。中国人造船之初，就在船只中划出了隔水舱，同样的原理应用于外国邮轮，不过是近1/4个世纪里的事。

汉江船只防水舱壁很高，即使发生事故，也可保证船只不会沉没。即使汉江船断成两截，独立的两段依然可以漂浮在水面上。船家在竹架上覆盖篷子，以运送乘客。防水舱壁之间钉着一块木

汉江上游的一户船上人家

板，白天是乘客的座椅，晚上则被船夫当作睡床，船头船尾各有一块三角形甲板，安放着船锁。船上有一根长柄船桨，顶端是一块平板，也当作船舵用。汉江水浅，多数情况下，要靠船夫撑起长篙使船前行。

通常，一艘船有五名船工，归船老大管理。有些船老大是船主，但大部分船隶属于一家总部设在河南的中国运输公司。为了以最快的速度在汉江上航行，我们雇了三艘船。两艘用来居住，一艘用作厨房和餐厅，同时供仆人和士兵休息。

船抵龙驹寨，已经是拂晓时分。我们在龙驹寨买了许多补给品，有鸡蛋、大米和茶叶，甚至包括做饭的小泥炉和柴薪。只听船老大向着船工一声大喊，竹篙插进江底的淤泥，我们的三只小船便沿江直下而去。

汉江船工很特别，如同他们的船只与北美印第安人的船只相像，他们的容貌举止也很像北美印第安人。他们的皮肤因常年暴晒而呈古铜色，身板高大挺直，高颧骨，杏仁眼，行动敏捷有力。船工们沉默寡言，彼此之间也没什么交流，偶尔会说出一两个字。有时候他们会突然放声大笑，吓到周围的人，但多数时候很少讲话。汉江上游的人讨厌辫子被别人看到，如果一个船工的辫子被别的船工看到，他会感到耻辱。辫子本来是满人刚入关时强迫汉人臣服的标志。此前，满人和汉人都将辫子视为男人英俊外表不可缺少的一部分。

汉江船工不出远航，未曾接触过湖北以外的地方。在这里，沿江上下行的所有货物都由他们的小船运送到大船上。船工们的老婆孩子生活在深山的村庄里，一家人很少能够团聚。

船工们日复一日在汉江上讨生活，数千年来，汉江原始的野性从未被打搅。对依赖汉江为生的人而言，汉江不只是谋生手段，更是生命与信仰所在。

原始多神崇拜在汉江峡谷颇为流行，船工们都有自己的信仰。他们相信神灵无处不在，这些神灵都归江龙统率。江龙偶尔帮助善良的船工，但多数时候它极为敏感，并不友好。江龙生气时会刮起逆风，在浅水中设置暗礁。每当刮风下雨，船工们都会停下手头的工作。船老大则坐在甲板上，祈祷神灵保佑刮来的是顺风。

我一直搞不明白船只一天航行的里程，船工们也绝口不提。每当我问到这个问题时，他们要么怒气冲冲，要么默不作声。但对我们来说，了解每天的行程至关重要。一天，我郑重要求船老板必须回答我的问题。他以恳求的语气告诉我："难道您不明白，邪神正在倾听我们说的每一个字？如果让他知道我们急于赶路，就会在航路上设置障碍。唯一的方法就是让他不知道我们在做什么。"

晚上，船工将撑篙穿过船首的小孔插入江底，船就停了下来。吃过晚饭，船工开始给江龙上香纳供。他们绘声绘色地讲述古时候流传的神明故事，有时也会吼起刺耳难听的故乡歌谣。只有停留在峡谷的夜晚，悬崖和山峰产生的回声将歌声削弱，我才能勉强忍受。多数时候，船工都不穿鞋子，裤子挽到膝盖以上。每逢船只搁浅，船工就跳到水里，想方设法把船拖出来。

浅滩、逆风和暗礁使得汉江之旅非常缓慢，一天最快只能航行12英里。水浅并不妨碍湍流，麻烦的湍流每隔二三十英里就会出现。河岸边无数的舟船残骸足以说明这些湍流的危险性。每当遇见湍流，船工们就会迅速上岸，在船尾系紧长绳，合众人之力将船向后拖拽，以减慢船速，就像把桶放入地窖一样。（编者注：船工用向后拖曳的方式减缓船速，跟人在地面上用拖曳的方式将木桶缓缓缒下放入地窖的方式是一样的。）

峡谷中某些地段的宽度几乎不容两只船相错而过。每当有船搁浅，堵住了河道，所有上行或下行的船都必须等它重新漂浮起来才能通过。搁浅的船要卸下货物，或是补好船底被礁石撞破的洞才能重新起航。

幸运的是，我们的船比大部分船都轻，受河道深浅的限制小，所以别家船还在等搁浅船只卸货，我们的船却可以从大堆等待的船只旁挤过去。当然，还有一部分原因是庆亲王的名帖给我们带来了特权。每当航道堵塞，负责护送我们的二名卫兵就会要求其他船的船工协助将我们的船推过去。20名壮丁用肩膀在船尾猛推，这样的力量足够让我们轻易驶过水浅的地方。

汉江上的堵塞状况让我发现中国人很懂得如何去等待。一天，在一处浅滩的堵塞地段，一名乘客用英语跟我打招呼。他是一名中国电报员，要去湖北的一座城市。他说他的船已经在这里等了三天了，好在汉江上的生活是非常令人愉快的，再等三天他都不会介意。我们的船工将堵塞的地方视为休息地，有几次因为急着赶路，惹得他们牢骚不断。

没有居民，没有农田、道路和大车，汉江流经的地方是将新旧中国分开的蛮荒之地，是南北方人口稠密的灰色平原之间的过渡地带。在这个与世隔绝的地方，如果发现还有比生活在这里的人更为古老的事物，那真是一种慰藉。此处亘古不变，很久很久之前，悬崖峭壁便如今日一般荒蛮质朴了。

这种宁静大大增添了峡谷的魅力。汉江途经此处流入长江，有时经过浅滩，绕过高耸入云的山峰脚下；有时又被挤压成激流，泛着白色的泡沫穿过峡谷。悬崖峭壁从水里拔地而起，像墙壁一样笔直竖立，遮天蔽日，即使天当正午，船舱里也是阴暗的。此外，船只还要通过数英里长的沙滩，江水退去后，汉江画卷的底部便显现出一道白色边缘。

当沿途峡谷不再有岩石出现，周围山丘开始被草丛淹没，汉江便呈现出不同的景色。清晨，峡谷是紫色的。中午，峡谷则变为绿色。当夕阳西下时，山丘、悬崖、汉江皆成为金褐色。远望山间河流，似乎不时被阻断流。但船到跟前，才发现山峰为奔绕的激流让了路。船工跳下船，肩抵船尾，船老大喊起号子，船只平安渡过激流，迅速向前驶去。

峡谷中的鸟儿很安静，听不到它们鸣叫。河边的灌木丛中偶尔会蹿出野鸡，直愣愣地盯着船看。褐色的大鸟，嘴巴尖且长，甚至会飞进船舱。这种鸟儿总是成双成对，当地人称其为“夫妻鸟”。这些鸟并不怕人，偶尔会接受人们的抚摸。船工们认为这些鸟儿是神灵的化身，因而充满敬畏。他们常常给鸟儿喂食米粒，那是从他们少得可怜的口粮中节省出来的。

船锚沉入江底，又或扎进沙滩，天空澄澈，星星闪烁其中，这

峡谷里的船工

是汉江的夜景。每当此时，我都会请船老大在香火边聊聊江龙与风神的故事，还有其他的传说。从王翻译的表情不难看出，他对船老大的故事半信半疑。王翻译也会趁此机会向我询问平时讳莫如深的“狼孩”故事。他问及此类事情时总是一副羞怯的表情，仿佛怕我对他的问题感到鄙夷。

王翻译曾对我说：“船老大的话真是荒谬可笑，并非只有汉江有龙。龙无处不在，总有一天会吃掉世间所有东西。龙也会因此而口干舌燥，最终粉身碎骨。欧洲人和传教士都觉得这样的故事纯属无稽之谈，我想您也不例外。”我告诉王翻译，我在很大程度上赞同他的说法。假如万能的龙真的无恶不作，绝对会毁灭世界。但我不认为龙会赢得必然的胜利。在我看来，恶龙总会被正义击败，最终消失在人世间。

紫荆关是离汉江边最近的城镇，也是陕西和河南的交界处。仲夏时分，汉江水位甚低，紫荆关便成了汉江水运的起止处，因而地位至关重要。紫荆关曾经是传教活动的中心，义和团运动爆发后，传教士们被迫逃离，福音堂也被毁坏殆尽。汉江在紫荆关弯折南向，15英里长的河道穿过了河南省的南端。

有一天，我被发烧击倒了，像通常的病例一样，毫无征兆，突然发病，完全没法抵抗。我躺在船篷下的座位上，大脑极度混乱，体温迅速升高。郭崇礼先生用奎宁、非那西汀和中国传统的发汗法为我治疗。此时此刻，我宁愿相信这位西安府的传教士，也不愿意相信世界上最好的医生。传教士很快从随身携带的药箱里备好了药。吃药以后，护理我的工作只能依靠王翻译完成。

两个月前，王翻译因为过度疲劳导致了神经衰弱，我在山西公馆整夜看护照顾他。在我看来，这些都是我应该做的，我差不多都把这事忘掉了。但在我发烧期间的一个下午，王翻译对我说："在我生病的时候，您照顾我就像照顾生病的父亲一样。您是我的主人，也是我的朋友。虽然您是欧洲人，我是中国人，但我们并无分别。现在您生病了，是我好好照顾您的时候了。"

十二月的夜晚寒风呼啸，漂流在水上的船舱根本无法抵御严寒。为了使我免于着凉，除了我自己的毯子和羊皮外，王翻译把自己的所有铺盖，连同从船上老大处偷来的几张羊皮，通通盖到了我身上。在我生病期间，王翻译寸步不离地守着我。他甚至没法去另一艘船吃饭，只向船老大讨几碗米饭吃。晚上，他就躺在我身边的甲板上。每当我从梦中惊醒，他的黑眼睛都注视着我。如果我蹬掉了铺盖，他会迅速起身为我盖好。他不言不语，只是偶尔在我睡着时，轻轻托起我的手臂，看我的体温是否降下来了。

我在厚重的铺盖下躺了36个小时，终于退烧了。"你好，王！"我说，"现在可以拿走这些铺盖了，我好了。"他马上从甲板上跳起来，冲着船头的郭崇礼先生大喊："太好了，他的烧退了。"

经此一事，每当我读到一些人的观念，认为黑暗和原罪是中国人性格中的两大基本元素时，我都会想起王翻译忠诚的黑眼睛，在汉江峡谷那些我生病的日日夜夜里，它们从未闭合过。有着黄皮肤和长辫子的王翻译，仅仅是个普通的中国人，有一颗中国心和一个中国人的灵魂。但如果没有他，我绝无可能穿越中国，他拯救了我的生命。我可以骄傲地说，王翻译是我的挚友。

第二十章

船过湖北

假如汉江的风神不故意捣乱、兴风作浪，航行者便可顺流直下，绕过岬角，在离开龙驹寨的第十天，抵达一处豁然开阔的江面。一眼望去，这里如同一个小湖。江岸一侧高耸的断崖上，是城池的石墙与城门。一条步道自江中石码头蜿蜒而上，通向大门。那是湖北的一座江城——老河口。从这里开始，汉江成为重要的商贸通道。

江面上到处停靠着中国船只，有客船，有货船，或泊在码头，或抛锚江心。船上，码头上，搬运工人扛着货物鱼贯而行。江上繁华与适才经过的幽谷寂静形成鲜明对比。山峰隐隐约约被抛在身后，旅者已经身在中国浩荡的贸易川流中了。

与鄂西诸多乡镇一样，老河口的主要产业是丝织。城郊遍植桑树，树上挂满蚕茧。人们提着篮子捡拾掉落的蚕茧，送往城区的工厂。从外观看，中国的丝织厂并无显著特点，无法看出其具体规模与内容。只在大门上挂一块小小的招牌告知路人，这是一家丝绸店的入口。中国各行各业的商人都十分低调，极力隐藏其繁华，不像美国人那样广而告之。

进入丝绸店的门后，是一个小小的前厅，摆一张桌子，桌上放着茶杯，左右分设两个座位。前厅里看不到任何丝织品，老板与伙计的举止也不会表露出强烈的销售欲望。顾客登门，伙计会奉上茶水。顾客若是有意购买，老板会从角落的箱柜里取出一卷丝绸，在桌子上摊开。整个过程，老板的动作不疾不徐，只是展示商品，并不催促客人购买。最先展示的肯定是价廉质劣的丝绸，好的都留在后面，直到客人主动要求才会拿出来。工厂就在店铺后面，在那里可以看到由蚕茧到丝绸的整个生产过程。

中国丝织的历史可以追溯到公元前30世纪初的黄帝时期，其原始程序与如今并无本质差异，在生产方法上，与欧美的大型丝织厂也极为相像。中国人的丝织机非常复杂，与美国丝织机的区别只在动力，美国靠蒸汽机，而这里全靠工人的双脚踩动踏板。每台织机配两个工人，一个坐在踏板前操控梭子，另一个在线网上调整图样。丝织是一门技术活，需要三四年才能掌握。因此一名织工每天的工资高达50文，是其他行业劳动者收入的两倍还多。

老河口产的丝绸与纽约出售的那种薄薄的丝绸迥然不同，湖北的丝绸很重，依不同类型织出多种多样的花色。官府是丝织厂最大的客户，政府要求官员必须穿着指定质地和成色的丝绸官服。数百码诸如此类的褐色“官布”正从老河口丝织厂的织布机里缓缓地延伸出来。

我们在码头与船工告别，他们把我们的行李仔细放好，接过

老河口的渔民

我们支付的银两，在石板上敲击验明真伪后放入腰包，继而跪在地上给我们磕头，以示感谢。他们的船逆流而上，船工麇集在甲板上，向我们挥手，终于消失在黑色的岬角之后。我目送他们远去，心中与古老的陕西——那些永恒的平原与山地——相连的最后的链条迸然断裂。我们离开了神灵居住的荒野，来到熙熙攘攘的通衢大道上。人群拥挤前行，走向实实在在的世界，魂牵梦萦的土地一去不复返了。

我们在老河口搭乘的船比汉江上那只更现代化，也更舒适。它有五个船舱，一个饭舱。饭舱内很“奢侈”地放置了一张桌子和三把木凳。船主和妻子就住在船上，房间搭在巨大的船头上。平底船既是谋生工具，也是他们的家。船主是个和蔼而时髦的中国人，经常往来于老河口和汉口之间。他说这是他第一次运载外国乘客，但他以前经常见到外国人。船帆阔大笨拙，拉起来要费很大力气。船帆在风中吱吱作响，但我感觉，船的行进主要靠水流而非风力。

几乎每一英里河道都有两个以上的岬角，平底船必须时时改变航向。变向时，灌满风的横帆会将船向后牵引。因为降低风帆非常困难，所以多数时候是依赖桅杆。桅杆顶端与堤岸土崖齐平，纤绳一头系在桅杆上，一头系在纤夫的腰间，纤夫沿着悬崖绝壁缓慢前行，拖动后面的小船。像美国运河上的船一样，纤绳必须系在船首。汉江船多，纤绳交织如网，船常常卷入纤绳网中，这时只要把纤绳拉高过桅杆，船只即可顺利通行。

船到河南与湖北的交界处时，峡谷消失了。此后，一直到汉口，汉江川流在高高的土岸之间穿行。江水呈黑褐色，与陕西清澈的溪流截然不同。岸上城镇千篇一律，石阶从石门直下，深入江中码头。岸边土崖裂开缝隙，偶尔可见村中居民辛辛苦苦地向往来船只兜售鸡蛋和果蔬。村庄背后多植竹林，远望如同美国的柳树。每隔数里，水面上就会浮现水牛低垂的长角。湖北水牛与黄牛共同分担耕田的工作，但不如黄牛有耐力。水牛每天总有几个小时要将脑袋之外的大部分身体浸泡在水里，这样可以使它们保持平静。大多数时候，水牛非常温顺。但如果剥夺它们泡澡的乐趣，它们便会暴躁，发狂，乃至袭击人。湖北人形容一个人暴怒时，往往会说，“他像水牛一样发疯了”。

倘若汉江每年往来船舶的总吨数可以被统计出来，西方人就会对中国内地商贸有一个更充分的认识。汉江是中国的大河之一，每天都拥挤着数以千计的帆船。船上货物琳琅满目，一直堆积到船舷上。在西方人的眼里，汉江帆船头重脚轻，笨拙难看。但这些看似脆弱的帆船，载货能力并不低于美国沿海贸易用的大型纵帆船。它们的运输能力好像没有上限，令人惊叹。在帆船构造上，中国人的聪明才智表现得淋漓尽致。船体不用钉子，构件全凭榫卯相接。当货物大过船身，船舱会被移开，货物架在高处的船舷上。待售的木材并排绑在两三只船上，如一个巨大的筏子，船工吃睡都在“木筏”上，像在地板上一样舒适。我们曾遇到二三十只满载英美棉花大包的船，船工们总能于船上腾出一块地方，将一捆棉花的包裹布解下来，做成一挂临时的桅帆。抵达目的地时，桅帆又变回包裹布，将原来的棉花包在中间，像发货时一样，完好

内河渡船

地交给收货人。

在中国内河的航行让我确信，中国人反对改变内河航运的态度是极其坚定的。汉江上笨拙的帆船是千万户人家的谋生之舟。倘若汉江疏浚通航蒸汽船，又或者修建一条与之平行的铁路，都将让以汉江船运为生的人失去饭碗。在其他国家，他们还有机会另谋出路。但在中国，各个行业之间的界限非常严格，他们既离不了生身之地，也无从获得新的谋生之道。

中国人一生下来就要沿着祖辈的道路生活，直到死亡。只要他们安分守己，就不会游手好闲或穷困潦倒。一旦他们离开了祖辈的路，最大的可能就是饿死或成为流民、义和拳民。因此，中国政府犹豫不决，如果疏浚河道，成千上万的船工将流离失所，这样的灾难足以使官府裹足不前。京津一带的义和团狂潮便是一个例子。那里原有白河往来运输，后来修了一条短途铁路，从很大程度上摧毁了白河上的船运行业，船工几乎尽数加入了义和团。

汉江上的匪徒常在夜里出动劫掠货船。从老河口到汉口，江上有一队专门镇压江匪的战船巡逻。在我原来的印象中，官府办事总是疏忽懒散的，但这队战船却出人意料地整洁美观。它们是汉江上最为迅捷飘逸的船只。尽管是按普通帆船的样子建造的，但其线条要优雅许多，船舷上缘斜向中部，船首略低，船尾悬垂的装饰物也远较他船美观。

一艘战船约配20名左右的水兵操船弄桨。水兵以他们漂亮的制服为傲，其外衣华美，呈粉红、绿色或紫色，镶着白色或黄色的滚边。船长住在船头的小舱里。战船的整洁与周遭环境格格不入。士兵每天清晨和傍晚都会清洗甲板，大部分时候，他们用一种虫漆涂抹船身。20名水兵整齐划一地划桨，华美的战船乘风破浪，那是汉江上最美丽的景致。

由于我持有庆亲王的名帖，所以得以让战船护送我们顺江直下。每当我们与一艘战船挥别，船首的铜炮都会鸣响三声以示敬意。接替任务继续护送我们的战船也会鸣炮三声作为回答。

入夜后，护送我们的战船泊在我们的船边。循中国故例，夜间每过一个时辰，战船都会击鼓一次。尽管鼓声让我夜不能寐，但我不能忘恩负义地说这噪声令人生厌。只好委婉地向船长表示，十分感谢他给予我的尊重与安全保障，但这些勇敢的士兵已经辛苦了一天，为了他们可以好好休息，希望能够取消击鼓这一程序。这个权宜之计生效了，船长一再感谢我为士兵所做的周全考虑，不再击鼓。除了波浪声，再没有噪声来打破这静谧的汉江之夜。

在汉江一处拐弯的对岸，老河口以南50英里处，有一座小城，是樊城和襄阳的县城。尽管如今城墙断裂，码头废弃，但在700年前，它们成功地阻击了忽必烈可汗的围城大军。彼时整个北中国都臣服在蒙古大军的铁蹄之下，襄阳与樊城孤城坚守，在通向开封的道路上阻击了蒙古军近两年的时间。（编者注：此处作者记述有误，忽必烈攻襄阳与樊城并非为了取开封，而是为了攻取南宋的都城临安。）忽必烈帐下的勇士屡次试图爬上城墙，都被守军挫败了。在攻城陷入绝望的情况下，忽必烈写信给远在波斯的侄子求援，征调来自阿拉伯的攻城利器——改良型大炮。

在大炮的帮助下，樊城城墙被蒙古军轰出一个豁口，樊城失守，襄阳随即投降。守城者的英勇赢得了忽必烈可汗的尊重，忽必烈可汗保全了他们的性命，将其纳入麾下。随着樊城与襄阳的陷落，拯救旧王朝的最后一丝希望也灰飞烟灭了。此后一年，忽必烈可汗在北京登基，宣告成为中原和蒙古的皇帝。

如今的樊城拥有一座很大的市场和几家纺织厂，而襄阳则靠回忆生活。襄阳自古就是官员告老后青睐的隐居之地。他们带着毕生积攒的财富归隐于此，在城内广修别墅园林。襄阳，也因其过去的荣耀与如今的“排外”名闻全国。

一大早，我们在岳家村对面发现一艘“蒸汽拖船”，出于礼貌，我们权且如此称呼。它属于汉口的一家中国公司，专事沿江运输旅客和邮件。登船后，年轻的船长告诉我们将在午夜抵达汉口。两地相去不过70英里，拖船的速度约为9节，我们很困惑，何以需要16个小时之久？个中原因，我到下午才明白。我们的船泊在一座城镇前，悬崖顶上飘扬着一面龙旗，清楚地表明此处设有一个厘金局。

厘金是最令人生厌的国内通行税，所有在帝国内河航行的船只每隔一段距离就要缴付厘金。厘金名义上用于行政，但实际上多被当地官员贪污盗用。我们的船熄了火，在厘金局前长时间等待。依照规定，我们的船要交2000文钱(约合1.4美元)。但是船长告诉我们，这个厘金局的官员是个小人，他反对在运输业中以蒸汽船代替帆船，一定会对我们多加刁难，不但会向我索要贿赂，还会滞留我们两三个小时，找我们麻烦。于是我们依照郭崇礼先生的建议，将庆亲王的名帖交给船长，让他在缴付厘金时给那个

汉江战船

官员看。

十分钟后，船长一路小跑，面带微笑地归来，立即下令起锚出发。他告诉我：“当我向那个小人出示庆亲王的名帖时，他问我名帖是从哪来的，我回答说是船上一位乘客的。他说如果你没有在15分钟内开船，我就要你挨板子。难道你不懂一位带有庆亲王名帖的客人是不能耽搁的。赶快走，开船去。”船长十分感谢我帮助了他，所以准许我们在拖船上享有特权——独享发动机后的肮脏船舱。而所有的中国乘客都被驱赶到甲板上，有个男孩每半个小时就来给我们端茶倒水。我敢肯定，他的脸有一个月没洗了。

厘金局是庆亲王名帖发挥作用的最后一站。离开西安后的第21天，晚上约9点时分，我们的船停靠在汉口的中国人居住区。我们将行李装进三只舢板，一小时后就到了岸边。我和王翻译留下看行李，其余人上岸去找搬运工。寒冬腊月的晚上，除了偶尔有人力车的咔咔声外，码头上寂静无声。有两个人坐在江边的长椅上闲谈，显然他们是很晚吃饭后才会面的。他们的谈话随风飘来，约略如下。

“他很倒霉，”一名男子说，“三次累积赌注，把钱全输光了。这家伙平时很稳定，但是今晚喝醉以后，失去戒心，他的伙计必须扶着他，以防他从椅子上掉下来。赌博的时候，当他叫到一手好牌，绝对不能眨一下眼睛。好极了，对不对？”

“无论怎么说，这都是好事。”另一个人回答，“他需要换换手气了，上个月赌马他就输了一大笔。管家前一段时间订购了东西，很特别的花瓶。顺便说一句，年轻的查普肯斯今晚不在老地方。

他很少错过一场赌博的。真奇怪，他在哪？”

“我想一定在那个女孩子那里吧，我今天听说他们很快就要宣布订婚了。”

“是古芬巴赫的女儿吗？”

“是的，但这只是个传闻。”

“查普肯斯真的很不错。那女孩还只是个孩子呢。古芬巴赫老了，但他依旧是长江上最明智的人之一。你知道，上个月鸦片投机他就赚了两万两银子。”

我在这个国度待的时间太久，对于当地人的行事方法已经习惯，以至于对这些曾经熟悉的对话感到特别新鲜，触动很大。王翻译在舢板的尾部看着电灯说道：“欧洲人住在很好的地方，宽敞明亮，街道干净。但是先生，对我来说，公馆、官员、船老板和山岭却更值得留恋。”